1,2,3... Je lis !

LES SECRETS DE LOLLY POP

Titre original : « Mon big à moi » : *Les secrets sucrés de Lolly Pop*

Dans la même collection :
Série Jeux vidéo : *Les aventuriers des jeux vidéo N°1*

FLEURUS

Direction : Guillaume Arnaud
Direction éditoriale : Sarah Malherbe
Édition : Anna Guével, assistée d'Estelle Paoli
Direction artistique : Élisabeth Hébert
Mise en pages : Les PAOistes
Direction de la fabrication : Thierry Dubus
Fabrication : Sabine Marioni

ISBN : 978-2-2151-3240-0
MDS : 652545

« Loi n°49-956 du 16 juillet 1949 sur les publications destinées à la jeunesse. »

N° d'édition : 16198
Achevé d'imprimer en juillet 2016 par Lego S.p.A., en Italie
Dépôt légal : août 2016

1,2,3...

Je lis!

TEXTES DE GENEVIÈVE GUILBAULT
ILLUSTRATIONS DE THIERRY MANÈS

LES SECRETS DE LOLLY POP

FLEURUS

Les mots les plus difficiles sont suivis d'une étoile (*).
Reporte-toi au lexique p. 416 pour tout comprendre.

Bonne lecture !

Des personnages... à CROQUER!

Lolly Pop, 10 ans, CM1

Plus lente qu'une tortue (selon son amie Zoé), elle est courageuse, déterminée, et surtout très curieuse. D'ailleurs, cette curiosité l'amènera à faire une découverte exceptionnelle… ainsi qu'une foule d'expériences abracadabrantes.

Sa phrase préférée :

« Donne-moi deux minutes ! »

Léo Pop, 7 ans, CP

Il est le plus gourmand de tous les petits frères. Lolly le surnomme affectueusement « Mini Pop ». Il n'a pas la langue dans sa poche (seulement des bonbons) et ne se gêne pas pour rouspéter quand il n'est pas content (comme la majorité des petits frères).

Anaïs et Cornelius Pop

Ce sont les parents de Lolly et de Léo. Tous les enfants aimeraient avoir des parents comme eux parce qu'ils sont

les propriétaires de
LA boutique la plus cool
de la ville : la confiserie
Croc ! Miam ! Pop !

Madame Candy

Elle travaille à la boutique des parents de Lolly depuis des années et ne se déplace jamais sans Guimauve, son petit chien très très mignon. Lolly l'aime comme si elle était sa grand-mère. Madame Candy est la spécialiste des vêtements extravagants !

Zoé, 10 ans, CM1

Zoé est la meilleure de toutes les **meilleures amies** ! Elle est passionnée de basketball

et ne manque jamais
une partie, ni même
un entraînement.
Elle deviendra la complice
de Lolly dans cette
aventure toute sucrée !

CHAPITRE 1

Qu'est-ce qu'on fait quand on est pressé ?

Lolly a attendu ce moment toute la semaine.

Dès que la cloche sonne pour annoncer la fin des cours,

elle se précipite dans le couloir et enfile son manteau.

— Tu es bien pressée, aujourd'hui ! s'étonne madame Tania, sa maîtresse.

— Oh oui ! répond Lolly, les yeux ronds. Je suis **TROP TROP** excitée !

Madame Tania éclate de rire.

— Et pourquoi donc ?

Lolly hésite. Elle ne veut pas perdre de longues minutes à lui expliquer pourquoi elle est heureuse au point d'avoir envie de sauter partout.

Elle lui fait donc un joli sourire et dit poliment :

— C'est un week-end spécial, pour moi.
Je vous raconterai tout ça lundi, c'est promis !

Je dois y aller, maintenant. Zoé m'attend.

Sans même se retourner, elle dévale* l'escalier et franchit les portes qui donnent sur la cour de l'école. Une fois dehors, elle contourne* des élèves qui s'amusent à se lancer des boules de neige (oh ! si la surveillante les voyait, ils se feraient punir, c'est sûr !) et passe à côté de la rangée de bus scolaires.

Lolly ne prendra pas le bus, aujourd'hui. Sa mère lui a donné la permission de rentrer à pied avec sa meilleure amie.

— Je veux que vous restiez toujours ensemble, Zoé et toi, c'est d'accord ?

— Oui, maman.

— Et je veux que vous rentriez directement à la maison, c'est d'accord ?

— Oui, maman.

— Et je veux que vous attendiez le feu vert pour traverser la rue. Interdiction de parler aux inconnus, interdiction

de vous arrêter en chemin,
interdiction de...

— Ça va, maman !
Je n'ai plus deux ans,
je suis en CM1 ! Je suis
capable de rentrer à la
maison sans problème.

— Je sais, ma puce,
mais il y a tellement
de dangers, de nos jours...

— Ne t'inquiète pas pour moi. Dis-toi que j'ai l'intention de rester en vie. Et si je me fais attaquer par une sauterelle croqueuse d'hommes ou par un poisson volant à grandes dents, je te promets de me servir des cours de karaté que j'ai suivis l'année dernière.

Anaïs a levé les yeux au ciel. Sa fille a vraiment une imagination débordante !

— C'est bon, mais soyez prudentes.

— Oh yes !

YES ! YES !
YES !

Comme elle s'apprête* à quitter la cour de l'école, Lolly entend quelqu'un l'appeler.

— Hé ! Lolly !

Chloé, une fille de sa classe, lui fait de grands signes avec les bras.

— Tu viens jouer avec nous au parc ?

Elle est entourée d'une dizaine d'amis qui l'invitent à les rejoindre.

— Désolée, je ne peux pas. Ma mère m'attend à la confiserie.

Chloé écarquille* les yeux. À l'école, tout le monde sait que Lolly habite dans ce super magasin sucré.

— Oh ! Vous avez besoin d'aide ? demande-t-elle avec espoir. Je pourrais servir les clients.

— Et moi, je remplirais les présentoirs*, ajoute une dénommée Julia.

Soudain, tout le monde s'approche de Lolly pour proposer ses services.

— Je peux passer le balai, ça ne me dérange pas.

— Je répondrai au téléphone, si tu veux.

— Je suis doué pour nettoyer les toilettes !

Lolly ne peut s'empêcher de rire. Pierre-Loup Casse-Cou dans ses toilettes ? Jamais de la vie ! Il serait capable de perdre l'équilibre et de tomber

directement dans
les égouts.

FLUSSHH !

De toute façon, Lolly imagine la tête que ferait sa mère si elle rentrait avec sa bande de copains... **Aïe, aïe, aïe !** Elle ne serait pas contente !

— Vous êtes très gentils, leur dit-elle en levant

les mains pour les calmer, mais on a tout le personnel qu'il nous faut.

— Je suis sûr que j'aurais été très doué pour nettoyer les toilettes...

Une vibration se fait sentir dans la poche de son manteau. Lolly enlève son gant et attrape son iPod pour vérifier qui lui a envoyé un texto. C'est Zoé, sa...

meilleure amie !

— Excusez-moi, dit-elle à ses copains. Je dois répondre.

— On se voit lundi ? demande Chloé.

Lolly sait bien ce qu'elle espère.

— Oui, on se voit lundi. Je vais essayer de vous rapporter une petite surprise.

— Oh ! Génial !

— Oui !

— Merci, Lolly ! Tu es trop **top** !

— En tout cas, ne viens pas te plaindre si les toilettes ne sont pas propres…, marmonne Pierre-Loup Casse-cou en s'éloignant avec déception.

Lolly se sépare du groupe et lit le message de Zoé.

Zoé

Qu'est-ce que tu fais ? Je t'attends depuis des heures !

Lolly lui écrit aussitôt :

Lolly

Tu exagères ! La cloche vient juste de sonner.

Zoé

Où es-tu ?

Lolly

Dans la cour.
Donne-moi
deux minutes !

J'arrive !

Zoé

Grouille !

Lolly

Je ne peux pas écrire un message et avancer en même temps. Laisse-moi une chance !

Zoé

Dac. Rejoins-moi au coin de la rue.

Lolly

À tout
de suite.

Lolly éteint son iPod et pique un sprint. Elle aperçoit bientôt Zoé qui s'impatiente.

— Je suis là ! annonce-t-elle, essoufflée.

— Enfin ! Je croyais que tu t’étais perdue !

— Ce n’est pas de ma faute. Madame Tania voulait ABSOLUMENT qu’on termine notre travail avant de partir pour le week-end.

On n'a pas pu commencer à s'habiller avant la sonnerie. J'ai fait vite, je te le jure !

Lolly observe son amie. Ouf ! Elle n'a pas l'air fâchée. Au contraire, elle a du mal à tenir en place.

— Bon ! On y va ? demande Zoé en sautillant. J'ai trop hââââte !

— Oui, moi aussi !

— On court ?

— Hein ? Pourquoi ?

— On pourrait essayer d'arriver avant le bus. Ça serait un beau défi.

— Je ne vois pas l'intérêt. En plus, c'est impossible, comme défi.

— Allez, Lolly ! Le bus fait tout plein de détours,

je suis sûre qu'on peut le battre. Ça serait amusant !

Lolly plisse son nez*.
Zoé et elle n'ont pas
la même définition
du mot « amusant ».

— OK, mais promets-moi de ne pas aller trop vite. Tu sais que je ne suis pas aussi rapide que toi.

Zoé est en super-forme ! Elle s'entraîne tous les jours. Beau temps, mauvais temps, elle court tous les matins. Même en hiver ! Et quand il y a une tempête de neige (ou que le thermomètre indique -1000 °C), elle utilise le tapis roulant dans son sous-sol. Elle dit qu'elle doit tout faire pour être la meilleure dans son équipe de basketball.

Lolly ne comprend pas pourquoi son amie aime tant ce sport. Pour être honnête, elle ne voit pas ce qu'il y a de plaisant à se bousculer dans un gymnase pour tenter

de faire entrer un ballon
dans un panier trop petit.

Non, mais c'est vrai !
Ils pourraient au moins
rétrécir le ballon !

Mais bon, chacun ses goûts, comme on dit.

— Je n'arrive pas à croire que ta mère nous ait demandé de l'aider, dit Zoé en bondissant comme une gazelle.

— Oui ! C'est fantastique ! répond Lolly en lui emboîtant le pas*. J'ai du mal à y croire, moi aussi.

— C’est parce que tu as de bonnes idées ! En plus, tu vis dans cette boutique depuis que tu es née. Tu la connais mieux que personne !

— Je ne la décevrai pas, sois-en assurée !

Ouf ! ouf !

Lolly est déjà essoufflée. Pas facile d’avancer avec

des bottes, un pantalon d'hiver et un sac à dos ! (SURTOUT s'il faut parler en même temps !) Elle choisit donc de se concentrer sur sa respiration et de laisser Zoé bavarder toute seule. Ce n'est pas un problème, elle a toujours plein de choses à raconter.

BLA,
BLA,
BLA !

— Je suis allée voir sur Internet et ça m'a donné des idées, commence-t-elle. La Saint-Valentin est une thématique hyper inspirante ! Je suis sûre qu'on va faire quelque chose d'original ! On pourrait fabriquer une sculpture de ballons ou diffuser des chansons d'amour. On pourrait aussi…

Lolly l'écoute à peine. Elle transpire à grosses gouttes sous son manteau. Pourquoi a-t-elle accepté ce défi inutile ?

Au bout d'un certain temps, Zoé donne un coup de coude à son amie.

— On arrive ! Tu vois, ce n'était pas si difficile !

Lolly n’est pas de cet avis, mais elle n’a plus la force de parler.

Plus qu’un pâté de maisons à passer…

Plus que quelques mètres…

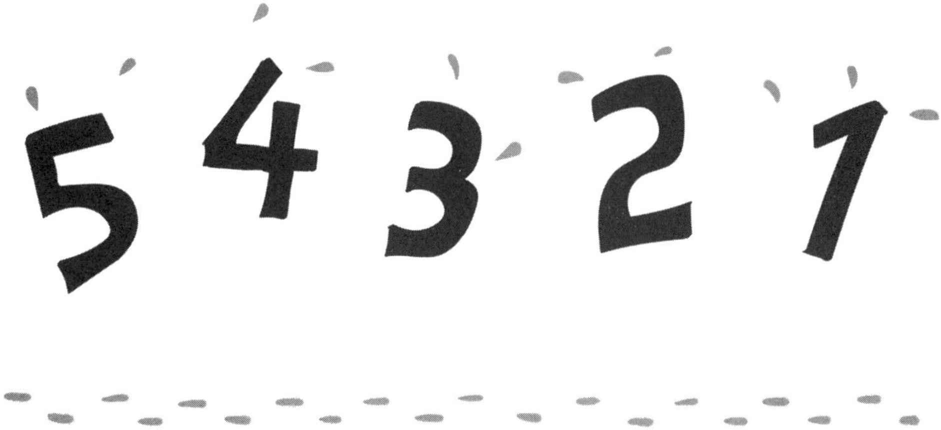

Enfin ! Elles y sont !

CHAPITRE 2

Prépare-toi
à entrer dans
le plus
extraordinaire,
le plus coloré
et le plus sucré
des endroits
au monde.

— Je ne m'habituerai jamais à ça, chuchote Zoé.

— À quoi ?

— Tout ça !

Zoé, la bouche grande ouverte, pointe du doigt la façade de la confiserie : elle attire le regard comme un feu d'artifice.

Les passants ne peuvent s'empêcher de regarder à travers la vitrine décorée de lettres scintillantes* et de bonbons multicolores.

— C'est tellement… C'est trop…

— Appétissant ?

— C'est trop difficile de résister ! se lamente* Zoé en essuyant la salive qui lui coule sur le menton. Comment fais-tu pour vivre ici sans avoir envie de tout dévorer ?

— On s'y fait, crois-moi. Allez, viens ! dit Lolly en tirant le manteau de son amie. Ma mère doit nous attendre.

Lolly tourne la poignée de la porte et l'ouvre en grand.

Aussitôt, elle est enveloppée d'une douce odeur de sucre, de chocolat et de popcorn au caramel.

— Hummm…

Zoé salive.

— Ça sent si bon, chez toi ! Vas-y ! Entre !

Elle pousse un peu sur le sac à dos de Lolly, mais celle-ci ne bouge pas d'un poil.

— Je ne peux pas, je suis collée.

— Hein ?

— Mon gant est collé à la poignée, je n'arrive pas à l'enlever.

— Allez ! s'impatiente Zoé.

— Quelqu'un l'a arrosée de sirop d'érable, ou quoi ?

— Tant pis ! Oublie ton gant ! Laisse-le là et entre !

Lolly soupire et retire sa main de son gant. Elle s'occupera de ce problème plus tard. Pour l'instant, elle a mieux à faire.

Dès que les deux filles posent le pied dans la confiserie, elles sont accueillies par une boule de poils tout excitée.

— Coucou, Guimauve ! s'exclame Lolly en s'agenouillant au sol. Comment vas-tu, aujourd'hui ?

Pour toute réponse, le petit chien blanc et noir pose ses pattes de devant sur son bras et la lèche du menton aux oreilles, sans jamais cesser d'agiter la queue.

Lolly éclate de rire.

Hi! Hi! Hi! Hi!

— Doucement, doucement ! Je ne suis pas une sucette !

La jeune fille prend l’animal et le lève bien haut pour l’admirer.

— **Tu es tout beau, dis donc !**

En effet, la petite bête porte un manteau vert sur lequel sont dessinées des centaines de fleurs roses et mauves.

— C'est parce qu'on a hâte d'être au printemps, mon sucre d'orge ! annonce une voix que Lolly aime par-dessus tout.

Elle tourne la tête vers le comptoir et pose les yeux sur madame Candy.

Madame Candy est la plus merveilleuse de toutes les grand-mères du monde entier.

Bon, elle n'est pas la grand-mère de Lolly pour de VRAI, mais PRESQUE. Voici pourquoi :

1 Premièrement

(la spécialité de toutes les grand-mères) :

Elle la gâte, lui donne des surnoms d'amour (comme « mon sucre d'orge » ou « mon cœur à la cannelle ») et la garde chaque fois que ses parents doivent sortir.

2 Deuxièmement

(le pouvoir des quatre « S ») :

Elle l'emmène faire plein de **Sorties Surprises Super Spéciales.**

(Comme la fois où elles ont visité une usine de farces et attrapes ; c'était hilarant* !)

3 Troisièmement (le plus important de tout) :

Elle ne la dispute

JAMAIS.

Que demander de mieux ?

Lolly est contente que madame Candy fasse partie de sa vie parce que, des vrais grands-parents, elle n'en a plus.

Elle blottit Guimauve dans le creux de ses bras et s'avance vers sa « presque » grand-mère.

Aujourd'hui, elle est tout habillée de vert, comme son petit chien. Elle porte des boucles d'oreilles en forme de tulipes jaunes, un long collier de perles avec un pendentif (une fleur, évidemment !)

GROS
MIAM
POP
!!!

et des lunettes en forme de papillon.

En plus de tout ça, elle s'est fabriqué un drôle de chapeau avec un pot de fleurs rempli de marguerites ! (Sûrement pas très confortable...)

On peut dire qu'elle a le don de trouver des looks* complètement fous !

— Maman est là ?

— Oui, elle est en bas avec ton père. Elle revient dans quelques minutes.

Cornelius, le père de Lolly, travaille au sous-sol,

derrière son ordinateur. C'est lui qui se charge des chiffres : le budget, les bilans financiers, l'état des comptes, et tous les autres mots compliqués. C'est looiiinnn d'être intéressant !

— Hum... Je crois que ton amie a besoin d'aide, remarque madame Candy en lui faisant un clin d'œil complice.

Lolly se retourne vers Zoé, qui semble collée au sol, comme si elle avait les pieds coincés dans un chewing-gum géant. Tout ce qu'elle arrive à faire, c'est tourner la tête de gauche à droite, les yeux rivés sur les milliers ET LES MILLIERS de bacs remplis de friandises.

— Je vais devenir folle…

— Mais non, la rassure Lolly en posant la main sur son épaule.

— C'est trop de sucre... C'est trop de couleurs... C'est trop... trop de

« WAOU » ET DE « MIAM ».

Lolly lève le menton à son tour. C'est vrai que la confiserie est belle. Il y a des bonbons partout. Du sol au plafond !

Tout au fond de la pièce, il y a un présentoir rempli de chocolats que ses parents achètent directement en Belgique. Chocolats noirs, chocolats au lait, chocolats blancs. Chocolats au nougat et aux noix ; fourrés aux fraises ou à l'orange ; en barres ou en morceaux croquants, et même en petites boules qui fondent dans la bouche.

Un peu plus près, sur le mur de droite, les petits oursons et autres bonbons en gélatine volent la vedette. Ils sont emprisonnés dans de hautes tours de verre transparent pour que les clients puissent facilement choisir ceux qu'ils préfèrent.

Au centre de la salle, il y a un tourniquet de sucettes. Des petites, des grosses, des minces, des épaisses, des jaunes, des vertes, des bleues, des rouges, des multicolores, certaines en forme de fleurs, d'autres en papillons, des rondes, des tortillées, bref, il y en a trop pour toutes les décrire !

Les autres murs sont couverts d'étagères sur lesquelles on trouve de TOUT ! Sans blague !

Aucune friandise n'est oubliée dans cette boutique ! Il y a des réglisses : des courtes, des longues, des fines, des larges, des plates...

Certains bonbons sont enrobés de sucre en poudre...

… d'une poudre acidulée
qui fait grimacer…

iiccchhh !

… ou de cristaux
pétillants.

Pop! Pop! Pop!

Il y en a des drôles,
aussi, comme ceux
en forme de crottes,
ceux en forme de nez,

et ceux en forme de crottes
de nez

(hi, hi!).

Du chewing-gum,
des caramels, du nougat,
des œufs en chocolat,
de la guimauve, du sucre
d'orge, du popcorn,
et même...

EXACTEMENT!

une machine à barbe
à papa!

Ça, c'est trop génial ! Lolly adooooore quand sa mère lui permet d'utiliser la machine à barbe à papa. Elle prend un bâtonnet et le fait tourner à l'intérieur de la cuvette pleine de filaments* bleus.

Elle continue, continue et continue, jusqu'à ce qu'elle entende :

— Je crois que ça suffit, Lolly. Il y en a assez, maintenant.

Pour Lolly, ce n'est jamais assez. Elle voudrait que sa barbe à papa soit plus grosse… toujours plus grosse !

Juste à côté de la fameuse machine se trouve le présentoir à brochettes de bonbons.

Dans tout le magasin, c'est de loin l'endroit préféré de son amie Zoé.

Elle passe son temps à le faire tourner et à examiner les bâtonnets un par un, à les sentir, et même à leur parler.

Oui, oui ! À leur parler !

Lolly l'a surprise en intense conversation avec une brochette, juste avant Noël.

Résumé du dialogue
le plus bizarre jamais
entendu alors que Zoé
tient dans les mains
une brochette remplie
de sapins, de lutins
et de couronnes.

— Je t'ai remarquée dès le premier jour, tu sais ?

Tu es très jolie. Et tu sens tellement bon ! Si j'avais assez de sous, je t'achèterais sur-le-champ. Le problème, c'est que j'ai dépensé tout mon argent pour acheter ton amie, la semaine dernière. Tu sais, celle qui avait un renne, sur le dessus ? Elle était délicieuse.

Zoé a ouvert les yeux tout grands, comme si elle

avait fait la pire bêtise au monde.

— Non ! Ce n'est pas ce que j'ai voulu dire ! Je ne l'ai pas dévorée ! Enfin, si, mais il ne faut pas m'en vouloir. Les friandises sont faites pour être mangées, pas vrai ?

Le résumé s’arrête là parce que Lolly s’est éloignée de son amie. Non, mais ! Qui dit que ce n’est pas contagieux, comme la grippe, cette manie de parler aux bonbons ?

Lolly sort de sa rêverie quand la porte du magasin s’ouvre brusquement.

CHAPITRE 3

La journée parfaite de Lolly ne sera peut-être pas SI parfaite, finalement !

— Hé ! Pourquoi tu n'étais pas dans le bus ? demande Léo, en entrant précipitamment.

— Maman m'a laissée rentrer à pied, explique Lolly à son petit frère.

— QUOI ? Et moi ? Pourquoi je n'ai pas le droit de rentrer à pied, moi aussi ?

— Parce que tu es encore un Mini Pop de rien du tout.

Léo tire la langue à sa sœur et s'agenouille au sol pour saluer son ami poilu.

Tout de suite, Guimauve se jette sur lui et lui lèche le visage.

— Hi, hi ! Ha, ha ! Tout doux, Guimauve ! ricane-t-il. Hou, hou ! Bonjour, madame Candy ! Hi, hi ! Ha, ha !

— Salut, mon petit ange.

Lolly grimace. « Mon petit

ange » ? Selon elle, Léo n'a vraiment rien d'un ange !

— Est-ce que je peux l'emmener jouer dans ma chambre, madame Candy ? Vous voulez bien ? Hein ? Vous êtes d'accord ?

— Bien sûr, mon Léo-chou, coccipou de poussin en or ! Il adore quand tu t'occupes de lui.

Lolly trouve ça très comique quand elle parle en « bébé-la-la ». Son frère pourrait se fâcher (c'est ce qu'il fait avec ses parents !), mais apparemment, avec madame Candy, ça lui est égal.

Léo traverse la boutique et range son manteau dans le placard du couloir.

Juste au moment où il s'apprête à filer, Lolly intervient :

— Tu n'aurais pas quelque chose dans ta bouche, par hasard, Mini Pop ?

Léo n'en revient pas ! Il avale la friandise qu'il cachait dans sa joue et demande :

— Comment tu as fait pour deviner ?

— J’ai des yeux de lynx.

— Oui, mais j’ai été plus rapide qu’un magicien !

— Pas assez, on dirait. Bon. Vide tes poches. Tu sais bien que tu dois demander la permission avant de prendre quelque chose.

— **Pfff !** Tu n’es pas ma mère !

— Je peux aller la chercher, si tu veux.

Léo fait « non » de la tête et avance en bougonnant.

— Injuste… Presque rien pris… Petits caramels de rien du tout… Pas moyen de s'amuser…

— Vide tes poches, répète Lolly.

Le garçon obéit et dépose une poignée de bonbons dans la main de sa sœur.

Est-ce que je pourrais au moins avoir une sucette ?

Non.

Une réglisse ?

Double « non ».

Un chewing-gum ?

Triple « non ».

Le garçon pose
les poings sur ses hanches.

Ça suffit ! Tu ne peux
pas dire triple « non » !

Pourquoi ?

Parce que. Ça n'existe pas. Ça s'arrête à deux.

Je ne savais pas qu'il y avait une loi du « non ».

Oui, c'est comme ça.

Depuis quand ?

Depuis maintenant !

Furieux, Léo tourne les talons*.

— Au passage, c'est super moche, ton idée de déco.

— Tu te crois douée en décoration, en plus ! Pfff ! Un gant sur une poignée de porte. Franchement ! Pfff ! **Affreux !**

Oups ! Lolly l'avait complètement oublié,

celui-là ! Elle se rend dans l'entrée, attrape son gant et tire de toutes ses forces.

Tiiiiiire !

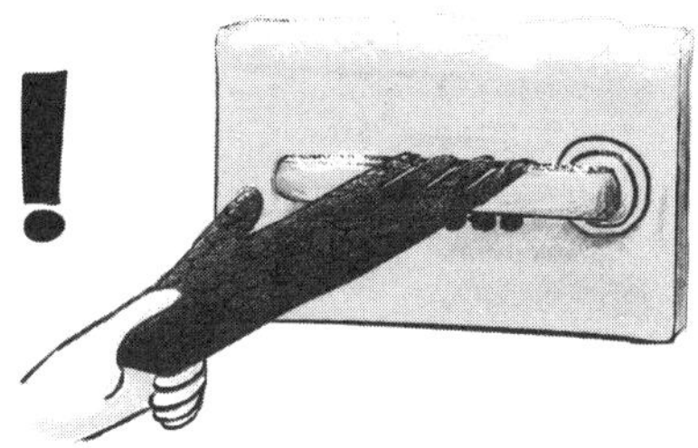

— Zut ! Il ne se décolle pas !

— Attends, je vais t'aider, propose Zoé.

Les filles agrippent le gant à deux mains (ou plutôt à quatre mains) et redoublent d’efforts.

Tiiiiiiiiiiire !

— Attention ! Il va se déchirer !

— Je fais ce que je peux !

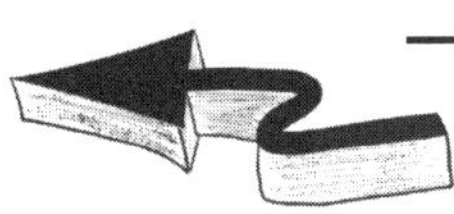

— Plus à gauche !

— Non, plus à droite !

Rien à faire, il est coincé là.

C'est madame Candy qui trouve la solution. Elle suggère d'utiliser de l'eau chaude pour faire fondre le sucre et décoller le gant.

— Bonne idée ! approuve Lolly. C'est un peu comme quand on se colle la langue sur un poteau en métal gelé !

— Oh oui ! Tu te rappelles d'Olivier Lalancette-Morissette, l'année dernière ?

— Comment pourrais-je oublier ? Il avait passé la moitié de la récréation à attendre que quelqu'un le délivre du poteau de la clôture.

— Il avait la langue en sang !

— Il pleurait comme un bébé !

Ouuiiiiiiin !

Lolly aurait peut-être pleuré, elle aussi, dans pareille situation, mais elle fait semblant de rien.

Finalement, l'astuce de madame Candy fonctionne et elle parvient à détacher le gant. Il était temps !

Maintenant, que le **VRAI** bonheur commence !

Les deux amies vont enlever leurs vêtements d'hiver dans le couloir en sautillant sur place. Quelques secondes plus tard, la maman de Lolly arrive.

— Pourquoi Léo s'est-il enfermé dans sa chambre ? demande-t-elle. Il s'est passé quelque chose ?

— Rien de grave. Je m'en suis occupée. Alors ? Tu es prête ?

Lolly n'arrive pas à cacher son excitation. Pour la toute PREMIÈRE fois depuis que ses parents ont acheté la confiserie, elle va aider pour la décoration. Pas juste en gribouillant quelques

dessins comme quand
elle était petite.

NON !

Pas juste en bricolant un cœur en papier mâché* ou une guirlande en carton.

Elle va participer aux trucs VRAIMENT importants !

— Par quoi on commence, maman ? Les colliers de bonbons ? Les présentoirs* à chocolats ?

Lolly...

— Oh ! Tu te souviens, j'avais eu l'idée de fabriquer de jolis bouquets de fleurs avec des oursons et des crocodiles !

Lolly...

— On pourrait les mettre ici, à côté des brochettes. Qu'est-ce que tu en dis ?

Elle ne comprend pas pourquoi sa mère la regarde avec ce drôle d'air.

— On est LOIN d'en être là, ma puce.

— Qu'est-ce que tu veux dire ?

— Il y a beaucoup de travail à faire avant de penser à tout ça.

— Hein ? Comme quoi ?

Curieuse, Zoé s'approche de Lolly. Elle n'a pas trop aimé entendre le mot « travail ».

Anaïs leur explique qu'il faut retirer des étalages toutes les confiseries de Noël. Puisque le temps des fêtes est terminé depuis deux semaines, elles doivent les rassembler et préparer des paquets qui seront soldés. Ensuite, il faudra nettoyer les étagères, déplacer les produits restants, dresser l'inventaire, et bla bla bla, et...

BLA, BLA, BLA !

Trop nul !

Lolly est découragée ! Elle qui croyait qu'elle allait s'amuser ! Elle se tourne vers son amie, qui ne semble pas ravie non plus.

— Tu sais, je vais peut-être dîner chez moi, finalement...

— Non ! Ne me laisse pas tomber ! S'il te plaît !

Zoé réfléchit.

— Je reste un peu, et après je m'en vais. Je suis désolée, Lolly, mais j'ai assez de ménage à faire dans ma chambre. Je n'ai pas envie d'en faire ici aussi.

Lolly est furieuse. Elle s'éloigne de son amie en tapant du pied et attend les directives* de sa mère. Décidément, cette journée ne se déroule pas du tout comme elle l'aurait souhaité !

CHAPITRE 4

Un petit frère tout à fait insupportable + une Lolly impatiente et de mauvaise humeur =

une découverte fascinante !

« Lolly, peux-tu faire ceci ? Lolly, peux-tu faire cela ? »

Non mais, ça suffit ! Qu'est-ce qui lui a pris de vouloir aider sa mère, aussi ? Elle n'avait pas imaginé que son vendredi serait si déprimant !

Comme si ce n'était pas assez pénible, madame Candy est repartie chez elle avec Guimauve, alors Léo leur tourne autour parce qu'il ne sait pas quoi faire de ses dix doigts.

— Pouah ! Dégueu ! lâche Zoé alors qu'elle s'apprête à laver un drôle d'objet accroché au mur.

— C'est notre panier à dentiers, lui apprend Léo.

— Votre… Hein ? Quoi ? C'est une blague ?

Zoé recule d'un pas.

— Pas du tout ! C'est mon idée, ce qui fait que c'est une très bonne idée ! Les bonbons collent aux dentiers, tu devrais le savoir.

Les gens entrent, déposent leurs dents ici et les reprennent en sortant. Tu comprends ?

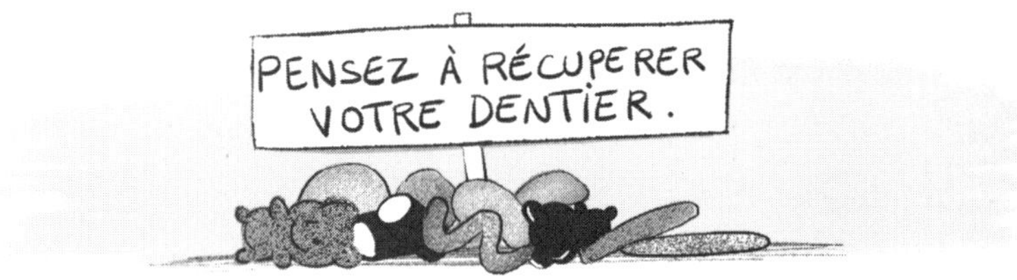

— Euh… Non ! Comment peuvent-ils manger des bonbons s'ils N'ONT PAS de dents ?

— Eh bien ! Ce n'est pas compliqué ! On leur en donne des mous.

Zoé secoue la tête. C’est trop bizarre ! Des mous ?

— En tout cas, c’est archidégoûtant ! Celui-là est en piteux état ! Je ne vais pas le nettoyer, ça, c’est sûr !

Quoi ?

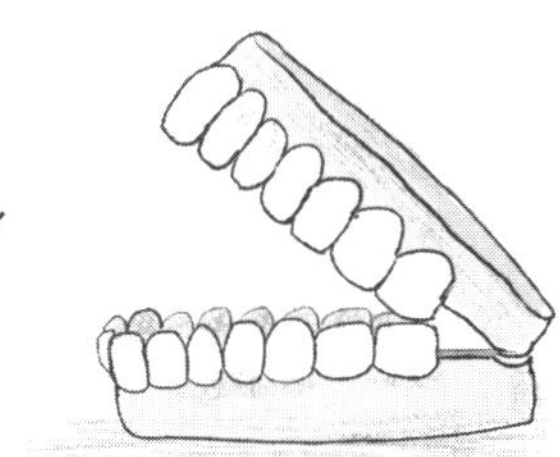

Léo court rejoindre Zoé.

— Quelqu’un a oublié son dentier ? Pour de vrai ?

Oh ! Waouh ! Je peux le garder, maman ? Dis oui ! Dis oui ! Dis oui !

— Bien sûr que non, voyons ! s'indigne Anaïs. Il appartient à quelqu'un.

— Oh ! Tu veux que je mène une enquête ? Je pourrais installer des affiches à travers la ville. Je suis un brillant* détective, tu sais ! Je peux régler cette affaire en un rien de temps.

Anaïs lui explique que ce n'est pas nécessaire et Léo boude un peu. Tant mieux. Au moins, pendant ce temps-là, il arrête de poser des questions.

Mais son silence ne dure pas très longtemps…

— Qu'est-ce que c'est, ça, maman ?

— C’est un produit nettoyant.

— Non, mon chéri. Je l’utilise pour laver les étagères. Il est biodégradable* et sans danger pour les aliments.

— Ça veut dire quoi, « biodésagréable » ?

— C'est un peu comme toi ! se fâche Lolly, qui n'en peut plus de l'entendre bavarder. Ça veut dire **TROP TROP** désagréable.

— Pardon ? intervient sa mère, les sourcils froncés.

Lolly sait bien qu'elle n'aurait pas dû dire ça. Après tout, ce n'est pas de la faute de son frère si elle est de mauvaise humeur. Elle s'excuse immédiatement.

— Oui, ben ce n'était pas très gentil ! proteste Léo. Tu m'as fait beaucoup de peine. Hein, maman, qu'elle m'a fait de la peine ?

— J'imagine, oui.

— C'est certain ! insiste-t-il. Elle m'a fait tellement

de peine que j'ai juste envie de pleurer. Peut-être que… peut-être qu'en choisissant un bonbon, je me sentirais moins triste. Hein, maman ?

Léo lève les yeux vers sa mère et attend, l'air triste.

— Allez ! Va prendre quelque chose, mon petit gourmand.

— Oh ! Merci, maman !

Tu es la meilleure maman du monde ! Ben, peut-être pas la meilleure numéro un… parce que la mère de Jonathan, elle lui permet de manger des frites tous les week-ends. Et il y a la mère de Jérémie, qui lui fait des biscuits aux pépites de chocolat pour son goûter, à l'école.

Léo se tait et compte sur ses doigts.

— Disons que tu es la troisième meilleure maman du monde. C'est bien pour toi ?

— Oui, ça me va, ricane* Anaïs. Je devrais survivre à ça.

— Alors je peux choisir ce que je veux ? Pour de vrai ? Je peux prendre la plus grosse des sucettes ? La plus longue des réglisses ?

— Pourquoi tu n'engloutirais pas le magasin en entier, pendant que tu y es ? marmonne Lolly.

L’ennui, c’est que sa mère l’a entendue et qu’elle n’a pas l’air contente DU TOUT de l’attitude de sa fille.

Le cœur de Lolly bondit dans sa poitrine. Elle va être punie, c’est certain ! Devant sa meilleure amie, en plus ! Comme c’est gênant !

— J’ai un petit service à te demander, ma puce.

Un service ? Quoi ? Disparaître ? Arrêter de dire n'importe quoi ? Bonne idée !

— Tu veux bien aller chercher les paniers de la Saint-Valentin dans le grenier ?

C'est exactement ce dont elle a besoin : une petite pause ! Sa mère a tout à fait compris que ça lui ferait du bien de s'éloigner.

— Tu viens avec moi, Zoé ?

— Dans le grenier ? Avec la poussière et les rats ? Non merci !

— Il y a des rats dans notre maison ? s'étonne Léo.

— Bien sûr que non, mon chéri, le rassure Anaïs.

— Ah. C’est dommage ! J’aurais bien aimé en attraper un. Je lui aurais fait un petit lit dans ma chambre.

Anaïs lui fait les gros yeux. Lolly est du même avis que sa mère : pas question d'avoir un rat comme animal de compagnie !

— Ben quoi ? J'aurais pu l'appeler Rat-on Laveur ou Rat-eau !

— Ou Ra-thé, complète Zoé en souriant.

— Raté ? Hé ! Ce n'est

pas un raté, mon rat. Il est très gentil. Même qu'il a une petite tache blanche, juste derrière l'oreille. Ça veut dire qu'il aime les biscuits aux bananes...

Lolly en a assez entendu. Elle n'a pas envie de passer les prochaines minutes à écouter son frère lui donner les détails de son rat QUI N'EXISTE MÊME PAS.

Elle se lève.

Allez, hop !
Direction le grenier !

— Tu ne changes pas d'avis ? demande-t-elle à son amie.

— Non, je reste ici. De toute façon, je vais bientôt m'en aller.

— Comme tu veux.

Lolly quitte la boutique

et s'arrête devant la porte du placard. Tant qu'à faire une pause (une looonnngguue pause), autant avoir de la musique à écouter. Elle récupère son iPod dans la poche de son manteau et monte l'escalier jusqu'au deuxième étage.

La trappe qui permet d'aller au grenier se trouve dans le couloir. Lolly s'empare de la lampe

de poche qu'elle garde
dans sa chambre et tire
de toutes ses forces sur la
corde qui fait descendre
les petites marches de bois.

Lentement, elle les grimpe une à une.

Lolly songe aux rats. Même si son amie dit vrai et que le grenier en est rempli, elle est sûre qu'ils se sont enfuis en courant ! L'escalier est bien trop bruyant !

Une fois montée, Lolly trouve l'interrupteur et

allume la lumière. Celle-ci n'est pas suffisamment puissante pour éclairer toute la pièce, mais ça ne la dérange pas du tout.

Elle se sent bien.

Elle n'a jamais eu peur de l'obscurité. En fait, elle a toujours aimé les lieux mystérieux (attention, il ne faut pas confondre mystérieux et poussiéreux, parce que la poussière, ça la fait plutôt éternuer).

AT...AT...AAATTTCHOUUM !

Lolly a un plan : trouver les fameux paniers de la Saint-Valentin au plus vite et aller ensuite se relaxer sur son lit. Oh ! Pas très longtemps ! Elle n'est pas si paresseuse, quand même ! Juste assez pour échapper aux corvées quelques instants de plus.

C'est parti !

Sa mère a l'habitude de ranger les affaires de la boutique tout au fond de la pièce, près des vieux meubles. Lolly passe devant des bacs de vêtements et des boîtes à souvenirs remplies de dessins, de babioles* et de photos de famille.

Ce n'est pas ce qui l'intéresse.

Elle continue son chemin pas à pas (il y a tellement de choses, ici, qu'elle doit faire attention où elle met les pieds !) et va encore plus loin.

Dehors, le vent se déchaîne. Lolly l'entend souffler. C'est comme s'il cherchait à entrer, lui aussi, dans ce grenier plein à craquer.

FFFUUUiiiiiii !

Lolly frissonne et sourit. Elle ne sait pas pourquoi elle est si heureuse de se trouver là. Ce n'est pas la première fois qu'elle explore cet endroit, pourtant. Qu'est-ce qui est différent, cette fois-ci ?

Une boule de chaleur s'installe dans son ventre.

« C'est étrange, se dit-elle. Vraiment très, très étrange... »

Plus elle avance, plus elle se sent attirée.

Par quoi ? Impossible à savoir… mais elle en a la chair de poule. Pas une chair de poule qui fait peur… une chair de poule qui fait du bien.

Est-ce que ça se peut, ça ?

Le vent souffle encore plus fort. Il pénètre par une petite ouverture et fait rouler quelques boules de poussière au sol.

Mais quelque chose ne va pas du tout !

Lolly ouvre grand la bouche. Elle n'en croit pas ses yeux !

CHAPITRE 5

Et si la magie existait pour de VRAI?

Lolly se cache la bouche avec sa main pour s'empêcher de crier de surprise. Ce n'est pas normal !

Au lieu d'être repoussée, la poussière semble être ATTIRÉE par le vent. Comme si un sort avait été jeté…

OHHHH!

MAAAGIIIEEE!!!

Lolly sait bien que c'est impossible. La magie n'existe pas (sauf dans les films et les histoires pour enfants, mais ça, c'est différent).

Qu'est-ce qui explique ce phénomène ?
Une bourrasque* qu'elle n'aurait pas sentie ?
Un courant d'air si léger qu'il serait passé presque inaperçu ?

Un mini rikiki tremblement de terre ? Hum… Difficile à croire !

Lolly décide de suivre la boule de poussière. Elle est trop curieuse pour faire comme si elle n'avait rien vu.

Elle avance lentement et ne la quitte pas des yeux, jusqu'à ce que la boule

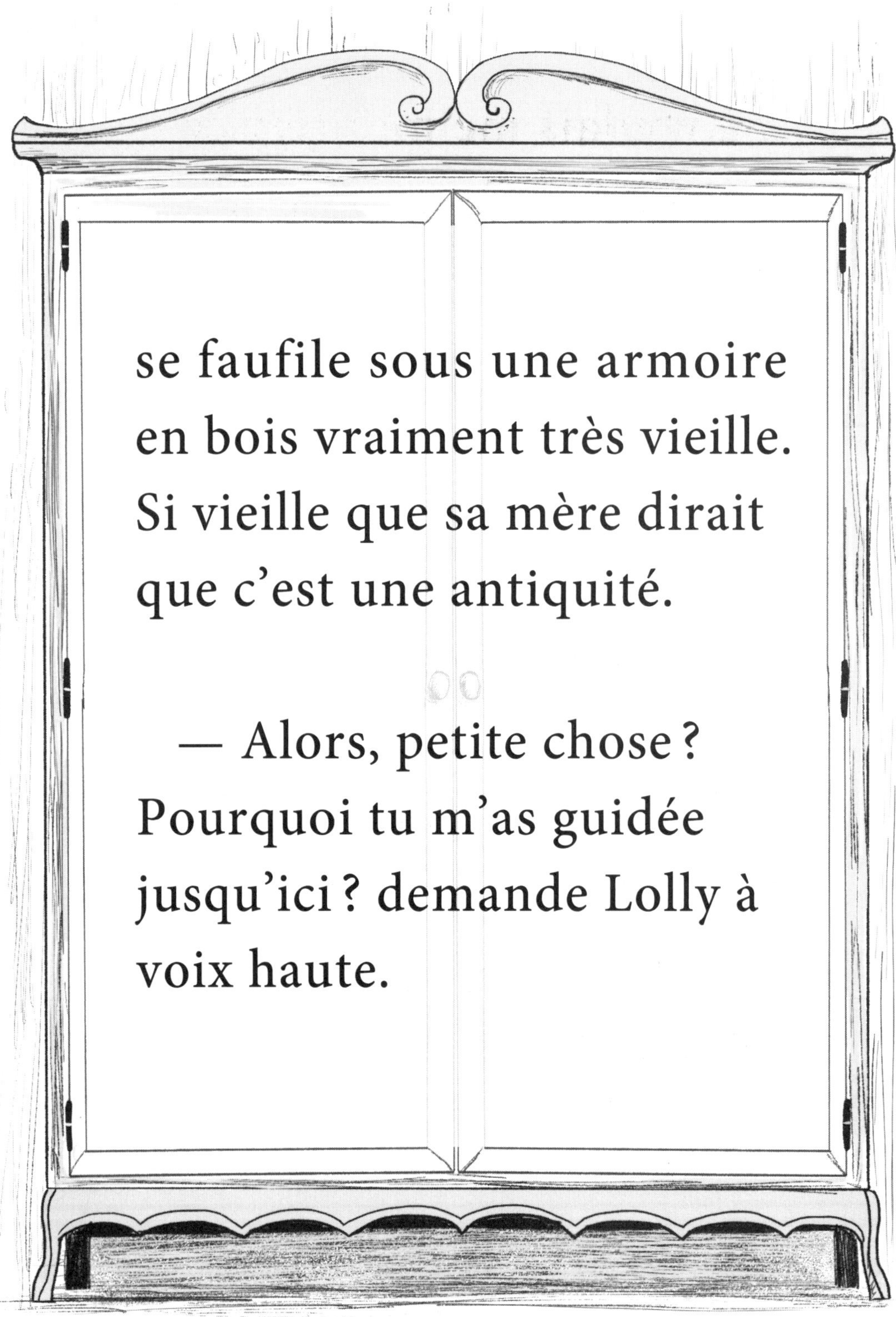

se faufile sous une armoire en bois vraiment très vieille. Si vieille que sa mère dirait que c'est une antiquité.

— Alors, petite chose ? Pourquoi tu m'as guidée jusqu'ici ? demande Lolly à voix haute.

Tu voulais me montrer ce meuble ? Qu'est-ce qu'il a de si spécial ?

Elle ouvre les deux portes de l'armoire et se retrouve tout de suite emportée par une bourrasque plus puissante qu'une tempête. Elle s'accroche aux poignées, de peur d'être poussée à l'autre bout de la pièce, et essaie de garder son calme.

Soudain, comme si elle comprenait ce qu'elle devait faire, Lolly crie :

— Je suis Lolly Pop ! Je viens découvrir tes secrets !

Aussitôt, le vent cesse.

Lolly tombe à genoux et replace ses cheveux ébouriffés*.

— Wahou ! Qu'est-ce qui

vient de se passer ? Si ÇA, ce n'est pas de la magie, je me demande bien ce que c'est !

Avant même qu'elle ait retrouvé ses esprits, une vibration la fait sursauter.

VVVVVRRRRRRR !!!

— Hein ? Quoi ? Qu'est-ce qu'il y a ?

Elle fouille dans la poche de son pantalon.

— Mon iPod ! Mais bien sûr !

C'est super long ! Qu'est-ce que tu fais ?

Fidèle à son habitude, son amie s'impatiente. Lolly s'empresse de lui répondre :

Lolly

Je n'ai pas encore trouvé les paniers.

Zoé

J'en ai marre !

Lolly

Je redescends bientôt. Attends-moi avant de partir.

Zoé

Je te connais, ça va te prendre des heures !

Lolly

Mais non ! Je me dépêche. Donne-moi deux minutes.

Zoé

Dac. J'attends.

Lolly hésite un instant, puis elle se décide à poser la question qui la titille :

Lolly

Zoé, est-ce que tu crois à la magie ?

Zoé

C'est quoi, le rapport ?

Lolly

Je suis curieuse, c'est tout. Tu y crois ou pas ?

Zoé

Non.

Lolly

Même pas un tout petit peu ?

Zoé

Non.

Lolly

Un mini, mini, mini peu ?

Zoé

Ben alors ! Pourquoi tu me poses la question si tu n'écoutes pas ma réponse ? JE-NE-CROIS-PAS-À-LA-MAGIE !

Lolly

C'est bon ! Pas la peine de te fâcher ! Je me demandais, c'est tout !

Zoé

Les magiciens ont toujours des trucs. C'est pour ça qu'on dit que ce sont des illusionnistes.

Lolly

Illu quoi ? Où es-tu allée pêcher ce mot ?

Zoé

Tout le monde sait ça, voyons ! Ils font semblant de réussir des tours étonnants, mais en réalité, ce ne sont que des illusions.

Lolly ne sait pas non plus ce que signifie le mot « illusion », alors elle ne répond pas. Zoé l'a deviné et lui explique :

Zoé

Tu te souviens, quand le magicien est venu présenter son spectacle à l'école, l'année dernière ?

Lolly

Je ne vois pas comment je pourrais oublier ! Il a scié son assistante en deux ! C'était dégoûtant ! Thomas a même vomi sur un tapis du gymnase !

Zoé

Ça, c'est parce qu'il avait la gastro, Lolly ! Tout le monde sait qu'il ne la sciait pas VRAIMENT en deux.

Lolly

Ah ?

Zoé

Tout le monde sauf toi, on dirait…

Lolly

Non, non, j'avais compris, moi aussi. Je blaguais… C'était pour rire…

Zoé

Bon, je te laisse. Ta mère trouve ça trop bizarre qu'on s'envoie des messages alors qu'il n'y a que deux étages qui nous séparent. Je rentre chez moi. Ton frère n'arrête pas de parler, je n'en peux plus. C'est une vraie pipelette !

Lolly éclate de rire. Elle n'en veut pas à son amie : à sa place, elle ferait la même chose. En plus, si Zoé s'en va, elle aura tout le temps qu'il faut pour explorer cette fameuse armoire aux pouvoirs mystérieux. Elle adore sa meilleure amie, mais elle a le sentiment que, pour une fois, elle doit garder ce secret juste pour elle.

Lolly

On se voit demain ?

Zoé

OK. Écris-moi dès que tu te lèves.

Lolly

Parfait !

C'est leur petite habitude. À l'instant même où Lolly se réveille, elle écrit à son amie pour lui dire qu'elle est debout. Zoé est une super-lève-tôt, ce n'est donc pas un problème. Lolly, quant à elle, peut rester des heures à paresser au lit. À dormir. À se réveiller. À se rendormir. À se re-réveiller. Ainsi de suite…

Lolly range son iPod dans sa poche et se tourne vers la fameuse armoire.

— À nous deux !

Son cœur bat à toute vitesse.

Elle inspire et expire en douceur.

Elle avale sa salive.

Gloup !

Allez ! Un peu de courage !

Il y a trois tiroirs à l'intérieur de l'armoire. Lolly ouvre le premier. Rien.

Zut !

Elle regarde à l'intérieur du deuxième. Rien non plus.

RE-Zut !

Puis, les doigts tremblants d'excitation, elle s'approche du troisième. Elle sait – ELLE SENT – qu'il y a quelque chose à l'intérieur. Quelque chose de puissant. Qu'est-ce que ça peut bien être ?

Une boule de cristal ?

Non, ça n'existe même pas, les vraies boules de cristal.

La clé d'un coffre rempli d'or et de bijoux ?

Oh ! Ce serait génial !

Un miroir magique ?
Un tapis volant ? Un lutin ?
De la crinière de licorne ?
Une épée ensorcelée ?

« Relaxe ! se dit Lolly. Tu te crois où, là ? Dans une forêt enchantée ? Reviens un peu sur Terre. »

Lolly tend la main pour tirer le fameux dernier-tiroir-super-mystérieux-qui-cache-un-objet-super-mystérieux-lui-aussi, mais elle se fige quand elle comprend ce qui se passe.

IL S'OUVRE TOUT SEUL !

Waaahhh !

Elle sait qu'elle devrait reculer, ou même s'enfuir en courant (c'est ce que ferait toute fille normale dans ces circonstances*), mais sa curiosité est si grande qu'elle ne bouge pas d'un poil (ni d'une poussière, d'ailleurs !).

Ce qu'elle découvre la laisse sans voix.

CHAPITRE 6

L'étrange message de grand-maman Pop

Rien ! Voilà ce que contient le tiroir. Rien de rien de rien de rien du tout !

— QUOI ? Oh, non !

Lolly perd patience. Qu'est-ce que ça veut dire ? À quoi est dû tout ce mystère si l'armoire ne renferme aucun secret ? Elle décide de vérifier chaque recoin, chaque petite planche, chaque clou…

Oh ! Son sang ne fait qu'un tour. Aurait-elle trouvé quelque chose ?

Sous ses doigts, elle sent qu'un des clous n'est pas parfaitement enfoncé. Mieux encore, il s'enlève facilement dès qu'elle tire un peu dessus.

— Bon. Bravo, tu as arraché un machin rouillé.

Qu'est-ce qui se passe, ensuite ?

La réponse lui apparaît tout à coup comme une révélation*. Sans même réfléchir (parce qu'on est bien d'accord, c'est tout à fait stupide, comme idée !), elle pose un doigt sur chacun des clous restants et dit :

— Un, deux, trois… Dans ton monde, emmène-moi.

Aussitôt, le vent se lève de nouveau.
Lolly a l'impression que les planches de bois se déplacent.

Qu'est-ce qui se passe ?

Pourquoi n'a-t-elle pas peur ?

Elle regarde le tiroir se métamorphoser sous ses yeux et se changer en une malle remplie d'une collection d'objets.

IN-CRO-YA-BLE !

Le vent se calme. C'est le silence complet.

Lolly se penche au-dessus de la malle et en observe le contenu.

À l'intérieur, il y a une centaine de petites fioles* multicolores, des boîtes en métal, des sachets d'herbes séchées, et même un vieux chaudron qui ressemble à ceux qu'on voit dans les films de sorcières.

« Qu'est-ce que c'est que tout ce matériel ? » se demande-t-elle, intriguée.

Elle tend la main pour attraper une fiole*, mais arrête son geste quand elle aperçoit un cahier usé par le temps.

Enfin quelque chose qui lui donnera peut-être des explications !

Lolly va chercher sa lampe de poche et s'assoit sur une chaise à bascule, le petit objet blotti contre son cœur.

Peu importe si la chaise fait du bruit, ce n'est pas ce qui l'intéresse pour l'instant. Elle caresse la couverture en cuir du livre et l'ouvre avec délicatesse.

Lolly sursaute en lisant les mots de la première page.

« Un, deux, trois… Dans ton monde, emmène-moi. Entre les mains de Lolly, je libère toute ma magie. »

C'est une blague ?

Ces mots ! Elle vient à peine de les prononcer !

Comment est-ce possible ?

Pourquoi sont-ils sortis de sa bouche ? Et pourquoi… POURQUOI son nom est-il inscrit à l'intérieur de ce livre ?

Lolly se pose tellement de questions qu'elle en a mal à la tête. La meilleure façon d'en savoir plus, c'est de parcourir les autres pages.

Demander à ton père :
quel âge avais-tu, papa,
lorsque tu avais dix ans ?
Raconter une
blague à la lune.
Dire «Je t'aime»
à ton sac à dos.
2 gouttes
de citron
JUS
DE
FRAISES
Eau
Sucre

Salut, Lolly!

Tu as découvert mon précieux carnet ! Comment as-tu trouvé ta « chasse au trésor » ? Pas mal, non ? J'ai eu beaucoup de plaisir à la préparer pour toi.

Bon, passons aux choses sérieuses...

Mais non ! Je blague ! Laissons de côté ce qui est trop sérieux !

Le carnet que tu tiens entre les mains te fera hurler de rire, si tu arrives à bien l'utiliser. Il renferme

tous les secrets d'une vie.
MA VIE.

Crois-moi quand je te dis qu'elle n'était pas banale ! Loin de là !

J'aimerais pouvoir sortir de ma tombe et rire avec toi, mais, malheureusement, je suis en train de me décomposer dans mon cercueil. En plus, je suis sûrement couverte de vers et de larves, à l'heure qu'il est. (Peut-être même que je suis déjà un squelette !) Je ne suis pas sûre que tes parents apprécieraient.

Quoique... Ça pourrait être comique !

Ne t'en fais pas pour moi, je suis très bien là où je suis. Je m'entends à merveille avec mes voisins. Madame Macchabée sent la vieille chaussette et monsieur Santerre-Vivant passe ses nuits à compter les zombies pour s'endormir, mais, à part ça, tout va comme sur des roulettes !

Allez, je te laisse explorer...

Oh ! J'oubliais une chose avant de te quitter. Voici les règles que tu dois à tout prix respecter. Elles sont plus importantes que tout.

Règle numéro 1 :
Amuse-toi comme une folle !

Règle numéro 2 :
Il n'y a aucune autre règle.
Hi, hi, hi !

Je te laisse, petite coquine !

Grand-maman Pop
Xxx

Lolly est sous le choc.

Sa grand-mère lui a écrit avant de mourir. Avant même qu'elle ne vienne au monde !

Comment pouvait-elle connaître le prénom qu'elle porterait ? Comment savait-elle que son cahier lui tomberait entre les mains ? Comment...

Misère ! Que de questions sans réponses !

Lolly fait défiler les feuilles entre ses doigts. Chacune d'entre elles est remplie d'une écriture ronde et colorée. Toutefois, il y a tellement de mots rayés, de griffonnages* et de notes dans les marges qu'il est presque impossible de décoder tout ça sans plisser les yeux.

— Fèves rouges de l'Alaska ? marmonne Lolly en lisant une liste d'ingrédients. Sucre salé de la Nouvelle-Guinée ? Qu'est-ce que c'est que tout ça ? On dirait… On dirait des recettes…

Elle tourne une autre page.

La réglisse qui rapetisse.
Comment la fabriquer
en soixante-quinze étapes
faciles.

Fabuleux !

Et une autre page…

Des bonbons à la menthe
pour une peau éclatante.

Et une autre…

La sucette qui fait des pets.
Le biscuit qui fait pipi.
Le chocolat qui fait ca…

— Lolly ! Tu es là ?

— Oh ! C'est maman qui m'appelle ! s'exclame Lolly en fermant aussitôt son précieux livre. OUI, maman ! Je suis encore là-haut.

— Qu'est-ce que tu fais ? On va bientôt manger.

Déjà ? Le temps a filé à toute vitesse !

— Je descends ! Donne-moi deux minutes.

— As-tu les paniers ?

— Oui, oui, je les ai trouvés.

Lolly se lève d'un bond, cache son livre sous son tee-shirt et referme l'armoire sur tous les trésors qu'elle contient.

Puis elle s'empare des paniers de la Saint-Valentin (ils étaient juste là, sur une étagère) et descend du grenier.

Elle doit avoir un drôle d'air, parce que sa mère la regarde en fronçant les sourcils quand elle entre dans la salle à manger.

— Est-ce que tout va bien, ma puce ?

— Super bien.

— Pourquoi tu es toute rouge, alors ? lui demande Léo, déjà assis à table.

— Parce que j'ai chaud.

— On dirait que tu ne dis pas la vérité. Moi, en tout cas, mes joues rougissent quand je ne dis pas la vérité. Je n'y peux rien, c'est comme ça. Tu vois, tout à l'heure, maman m'a demandé si j'avais des chewing-gums sous ma langue. J'ai dit non. Eh bien, mes joues ont tout de suite rougi !

Léo ouvre grand les yeux et se cache la bouche avec la main.

OUPS !

— Je n'aurais pas dû dire ça…

Pendant que ses parents expliquent (encore une fois !) à son jeune frère à quel point il est important de dire la vérité, Lolly élabore un plan complètement fou dans sa tête.

Un plan qu'elle mettra en œuvre dès la nuit tombée.

CHAPITRE 7

Lolly est prête à tout pour essayer une recette secrète... Elle va même récupérer de l'eau dans les toilettes !

Il est minuit. Tout le monde dort dans la maison.

Enfin… presque…

Lolly a les yeux grands ouverts dans son lit. Couchée sur le dos, elle examine le livre de sa grand-mère depuis des heures. Il y a tellement d'informations, tellement de notes, d'idées et de recettes qu'elle ne sait plus où donner de la tête. Il lui faudra des semaines pour tout explorer !

Pourtant, une page a attiré son attention…

Une page toute spéciale, joliment décorée, avec une recette qu'elle a trop hâte d'essayer.

Lolly tend l'oreille. C'est le bon moment !

Son père a mis un temps

fou à aller se coucher ! Il a regardé un match à la télé, il a pris une douche, il a englouti* un bol de céréales, il a lu dans son lit, et finalement, FINALEMENT, il a éteint sa lampe de chevet.

Puis il a fallu qu'il s'endorme.

TROOOP LONG !

Mais là, ça y est ! Elle ne peut pas se tromper. Dès que son père commence à ronfler, rien ne peut le réveiller. Ni le téléphone, ni les cauchemars de Léo, pas même une méga explosion internationale !

Lolly se lève, enfile ses chaussons et sort de sa chambre sur la pointe des pieds. Son véritable défi consiste à ouvrir la trappe qui mène au grenier

et monter les marches
sans que sa mère
s'en aperçoive.

Elle a l'ouïe si fine
que ça risque d'être
compliqué.

Lolly attrape la corde
et tire en douceur.

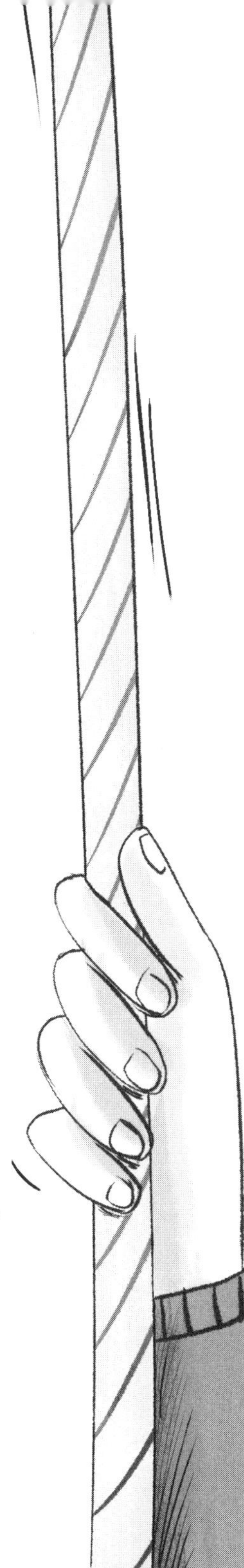

SCOOoooUuuiCH !

Aïe, aïe, aïe !

Les petits bruits semblent plus sonores en pleine nuit, quand tout est calme. Lolly attend en silence.
Elle doit être certaine que sa mère ne s'est pas levée pour vérifier que tout va bien.

Aucun son. Aucun mouvement. Parfait !

Elle pose un pied sur la première marche.

Un autre pas.

Son cœur bat si fort qu'elle a l'impression qu'il pourrait réveiller la Terre entière !

Encore une marche.

Ça ne va pas du tout ! Elle est aussi discrète qu'un troupeau d'éléphants !

Elle change de stratégie et grimpe au grenier le plus vite possible, comme une petite souris.

Cric ! Crac ! Cric !

Ouf ! Elle est arrivée et personne ne semble l'avoir entendue. Elle a le champ libre* !

Comme c’est excitant !

Sans perdre une seconde, Lolly avance jusqu’à l’armoire magique et en ouvre les portes. Ouf ! La malle est toujours là ! Elle avait peur qu’elle ait disparu.

Elle saisit son carnet et l’ouvre à la page qu’elle a soigneusement choisie. Le nom de la recette est un peu surprenant : « Léon sans pantalon », mais ça n'a pas d'importance. Ce sont les petits chats qui lui ont donné envie de l'essayer.

Elle connaît les directives* par cœur, tellement elle les a lues.

Léon sans pantalon

Ingrédients pour
fabriquer 12 bonbons :

–Demi-moustache de souris
à trois pattes
(si la souris est jaune,
c'est encore mieux)

–2 gouttes de jus de crocodiles
et oursons juteux à la framboise

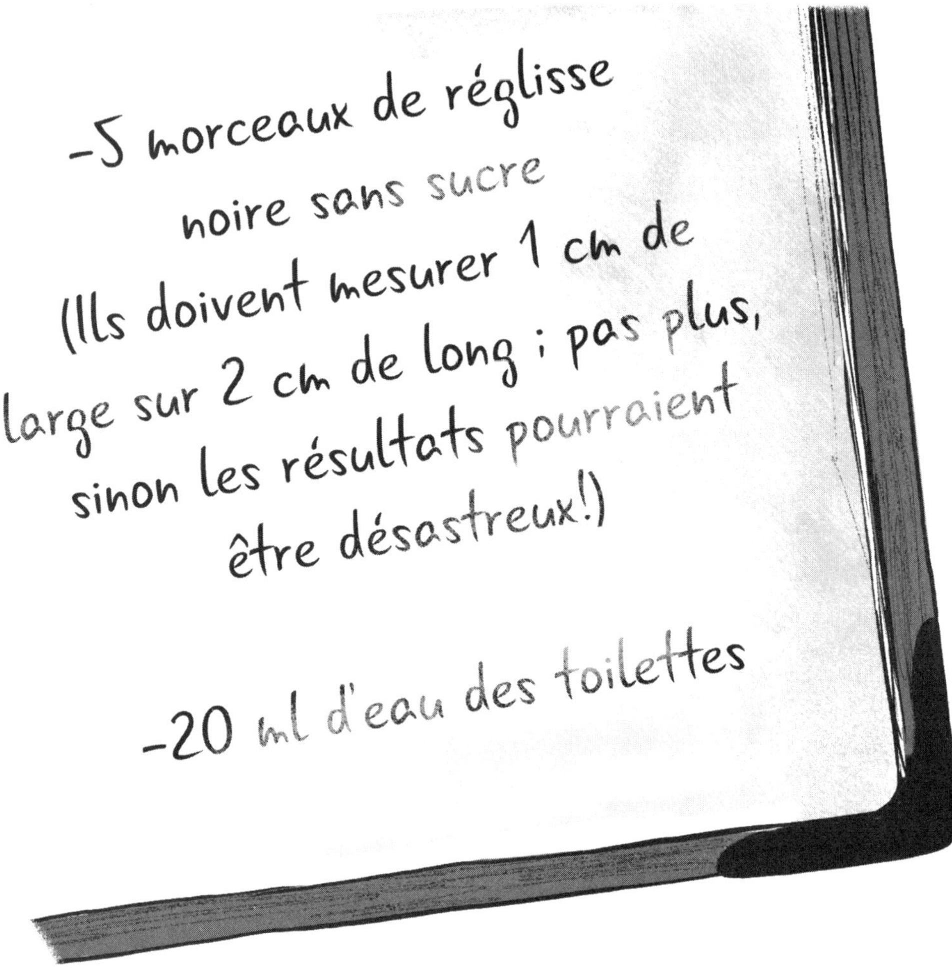

Tout à coup, Lolly est nerveuse. La liste est si bizarre qu'elle n'est plus certaine de vouloir continuer.

En plus, l'écriture est presque illisible. Et si elle faisait une erreur ?

Doit-elle se procurer la moustache d'une souris à trois « pattes » ou d'une souris à trois « nattes » ?

Que faire ?

Elle n'a jamais vu de souris à trois pattes… mais elle n'a jamais vu de souris avec des tresses non plus !

Qu'est-ce qui se passera si elle commet une erreur ? Est-ce dangereux ? Peut-elle mourir ? Perdre un bras ? Se transformer en flaque d'eau ?

« Oh ! Du calme ! se dit-elle pour se rassurer. C'est le cahier de grand-maman Pop. Il ne peut rien m'arriver de mal. Elle ne voulait pas me tuer, quand même ! Elle… elle devait m'aimer, quand même ! »

Sauf qu'une petite voix dans sa tête n'est pas de son avis : « Tu n'en sais rien, tu n'étais pas née. Peut-être qu'elle voulait que tu la rejoignes dans sa tombe ! Peut-être qu'elle voulait te présenter son monsieur qui compte les zombies et son amie qui pue la vieille chaussette ! »

— Ça suffit !

Lolly se bouche les oreilles avec les mains pour faire taire la petite voix.

Bla, Bla, Bla !

Voilà ! Ça marche ! Elle est partie !

Retrouvant son courage, elle fouille dans sa poche et en sort des oursons, des crocodiles et des réglisses. Il lui a fallu faire preuve de créativité pour convaincre sa mère qu'elle devait retourner dans la confiserie alors que tout était fermé.

« J'ai laissé mon iPod sur l'étagère, dans l'entrée. J'en ai **ABSOLUMENT** besoin ! Zoé doit m'envoyer un message hyper important. Allez, maman ! J'y vais et je reviens tout de suite, c'est promis ! »

Puis, un peu plus tard dans la soirée, elle est allée chercher un petit bocal en plastique dans la cuisine et a fait la chose la plus dégoûtante au monde : récupérer une petite quantité d'eau des toilettes !

Oh ! Pouah !

Bon ! Il ne lui manque qu'un objet : la demi-moustache de souris jaune. Lolly explore l'intérieur de la malle à la recherche de cet ingrédient étrange et réussit à le trouver assez facilement. En plus, il s'agit bien d'une souris à trois PATTES, c'est écrit sur le flacon.

Ouf ! Elle ne va pas se transformer en flaque d'eau !

« OK. Tout est rassemblé, chuchote-t-elle. Qu'est-ce que je dois faire, maintenant ? »

Elle consulte la recette et lit les instructions avec soin. Elle ne veut surtout pas se tromper.

1 Mettez l'eau des toilettes dans votre chaudron.

Lolly mesure 20 ml (**beurk !**) qu'elle verse dans la marmite.

2 Soufflez trois fois sans avaler votre salive.

Lolly s'exécute.

3 Incorporez le bout de moustache en imitant le cri de la souris. Plus le cri est fort, plus la mixture sera efficace.

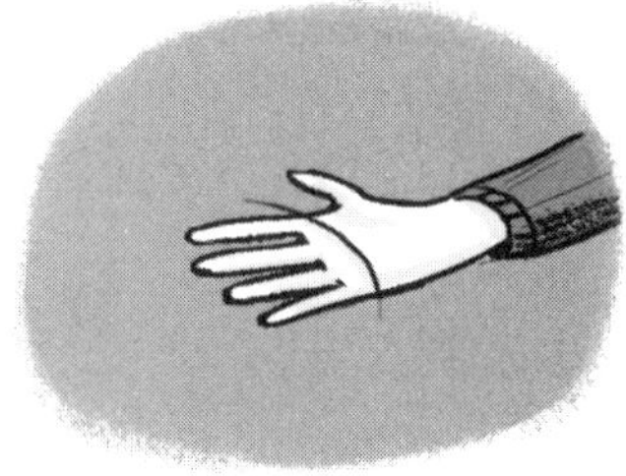

Pas question de crier, elle risque de réveiller tout le monde !

— Hi, hi, hi…, marmonne-t-elle en déposant l'ingrédient.

Heureusement que personne ne peut la voir ! Elle a l'air trop bizarre !

4 Mélangez en utilisant votre auriculaire droit.

Oh non ! C'est lequel, l'auriculaire, déjà ?

Lolly ferme les yeux et essaie de se rappeler les paroles de la comptine qu'elle a apprise quand elle était petite… J'ai un petit pouce… un index aussi… un majeur, un annulaire, un petit auriculaire, en tout j'ai cinq doigts.

BINGO !

C'est le petit doigt !

Elle le plonge dans le chaudron et agite doucement le mélange.

— Je ne dois pas penser à l'eau des toilettes ! (Haut-le-cœur.) Je ne dois pas penser à l'eau des toilettes ! (Haut-le-cœur.) Je ne dois pas penser à l'eau des toilettes !

Aïe ! Si ça continue, elle va vomir.

Pressée de poursuivre, elle passe à l'étape suivante.

5 Déposez les deux gouttes de jus de crocrodiles et d'oursons juteux à la framboise et ajoutez sans attendre les morceaux de réglisse sans sucre. Laissez reposer trente-quatre secondes.

Chose certaine, les instructions ne manquent pas de précision. Lolly les suit à la lettre et observe le résultat. Une pâte noire et visqueuse se change sous ses yeux en bonbons en forme de chatons. C'est fou !

6 Il ne vous reste plus qu'à déguster. Le tour est joué !

Lolly pince un bonbon entre ses doigts et l'inspecte.

— Qu'est-ce que tu vas me faire, petit minou ? Je vais me mettre à ronronner ? À faire mes griffes ?

À miauler ? Ça me va. Tant que je n'ai pas à utiliser une litière…

Lolly le porte à sa bouche et le mâche un instant.

Que va-t-il se passer ?

CHAPITRE 8

— C'est dégoûtant ! lâche Lolly en grimaçant.

Beurk ! Beurk ! Beurk !

— Je ne peux pas croire que j'ai avalé ça !

En plus, il ne se passe rien de rien du tout ! Elle examine ses mains, ses pieds, rien n'a changé.

— À quoi je m'attendais, aussi ? C'est de l'arnaque,

ce truc ! Zoé a raison, la magie, ça n'existe pas.

Elle s'empare du petit cahier et inspecte la page avec minutie*. Soudain, un détail attire son attention. Tout en bas, juste à côté d'un dessin de chaton tout mignon, une phrase est écrite en petites lettres.

« Oups ! L'eau des toilettes n'était pas utile à la préparation de ce bonbon ! Je l'ai ajoutée pour rigoler ! Hi, hi, hi ! »

Tu parles d'une blague !

Oh ! Qu'est-ce qui se passe ? Lolly sent qu'elle vient de grandir de quelques centimètres.

C'est invraisemblable* !

Oh ! Encore une fois ! Mais qu'est-ce qui se passe ?

Non seulement elle est aussi grande que son père, mais en plus, une énorme bosse prend forme sur son ventre.

Ses bras grossissent…

Ses mains se couvrent de poils…

Cette fois, Lolly est morte de peur ! Qu'est-ce qui lui a pris d'avaler ce machin ?

Elle porte sa main à son visage et écarquille* les yeux.

De la barbe ! Elle a de la barbe !

Au secours ! Qu'est-ce qui lui arrive ?

Elle a l'impression que…
Non ! C'est impossible !
Mais si, elle a bel et bien l'impression qu'elle est en train de devenir un homme !

Il lui vient l'idée de jeter un œil à l'intérieur de son pantalon pour en avoir le cœur net, mais…

Elle secoue la tête.

Pas question de voir ÇA !
Si elle se souvient bien, la recette disait : « Léon sans pantalon » **BeurK !**

Trouver un miroir est une meilleure idée. Lolly franchit les quelques pas qui la séparent d'un vieux miroir sur pied, se met droit devant et s'étouffe aussitôt avec sa salive.

Keuf !
Keuf !
Keuf !

Incroyable ! Elle s'est transformée en père Noël ! Elle a sa barbe blanche, son gros nez et ses lunettes. Elle porte même son costume et sa hotte remplie de cadeaux.

Lolly essaie de reprendre son souffle, mais des sons étonnants sortent de sa bouche.

HO! HO! HO!

Elle ne peut même plus parler ! Tout ce qu’elle arrive à dire, c’est :

HO! HO! HO!

« Qu’est-ce qui me prend ? pense-t-elle. Je ne peux pas être le père Noël ! Je suis une enfant ! Pas un vieillard qui habite au pôle Nord ! En plus, si je continue à hurler comme ça, je vais finir par réveiller tout le monde ! »

Lolly Pop-père Noël se dit qu'elle doit trouver une solution, mais elle n'a plus aucun contrôle sur son corps.

Sans même le vouloir, elle s'assoit dans une vieille baignoire à moitié rouillée et dépose sa hotte remplie de cadeaux à ses côtés. Puis, en regardant au loin, elle crie :

— Allez, Tornade ! Allez, Danseur ! Allez, Furie et

Fringant ! Allons-y, Comète !
Allons-y, Cupidon ! Allons-y,
Tonnerre et Éclair !

« Ça suffit ! Je dois me taire !
Je-ne-suis-pas-le-père-Noël !
Je-ne-suis-pas-le-père-Noël !
Je ne connais pas non plus
les prénoms de ses rennes ! »

Mais son corps et son cerveau ne sont pas du même avis. Même si elle le souhaite de toutes ses forces, Lolly n'arrive pas à contrôler ses gestes. Elle passe donc les heures suivantes à guider son traîneau imaginaire aux quatre coins du globe pour distribuer des cadeaux imaginaires à des enfants imaginaires.

Puis, aux premières heures du matin, alors que la lumière du jour pénètre dans le grenier, elle finit par s'endormir, complètement épuisée.

CHAPITRE 9

Cette première expérience est réussie. Maintenant, les choses sérieuses peuvent commencer !

— Lolly ! Tu es là-haut ?

Lolly se réveille brusquement.

« Oh, non ! C'est ma mère ! »

Lolly sait qu'elle ne doit surtout pas monter au grenier ! Sa mère ferait une attaque d'infarctus de crise cardiaque, ou un truc du genre, si elle découvrait que sa fille est aussi vieille et dodue que l'homme le plus connu du monde entier !

— Oui, je suis là, maman !

— Je te rejoins.

— SURTOUT PAS ! Je veux dire… ce n'est pas nécessaire. J'arrive dans deux minutes.

Trop tard ! Elle grimpe déjà les marches une à une.

Lolly court se cacher derrière une pile de boîtes en carton.

— Qu'est-ce que tu fais dans le grenier, ma puce ?

— Bah ! Rien d'important. J'avais envie de fouiller dans mes bacs à souvenirs, c'est tout.

Lolly lâche un hoquet de surprise.

— Mais attends…

Quoi ?

— J'arrive à parler normalement…

Hein ?

— J'ai une jolie voix… Je… (Elle touche son visage.) J'ai la peau douce comme avant…

Elle sort de sa cachette et file s'inspecter dans le miroir.

— J'hallucine !

Elle est redevenue elle-même ! Une petite fille normale !

— Est-ce que tu te sens bien ? s'inquiète Anaïs.

— Tellement ! Oh oui ! Tellement **TROP** bien !

— Tu as de la fièvre ? Ou mal au cœur ?

— Non, non, tout va comme sur des roulettes ! Je te jure !

— Bon, d'accord. Ton père

prépare des omelettes. Tu viens déjeuner avec nous ?

— Oui, je range mon bazar et je descends.

— OK.

Anaïs n'est pas rassurée (sa fille agit vraiment bizarrement !), mais redescend quand même les marches.

Ouf ! On peut dire qu'elle l'a échappé belle ! Toujours face à son reflet, Lolly inspecte chaque détail de son anatomie*.

Ses mains, sa taille, ses jambes, son visage… tout est redevenu comme avant.

Plus aucune trace de père Noël ! **Yeah !**

La tête pleine de questions, elle récupère son précieux carnet et l'examine une fois de plus. C'est à n'y rien comprendre ! Pourquoi la page est-elle couverte de mignons petits minous, alors que la recette n'a rien à voir avec les chats ? Pourquoi grand-maman Pop n'a-t-elle pas précisé les effets étranges provoqués par ce mélange ? Comment est-elle redevenue elle-même ?

Et surtout, pourquoi l'a-t-elle choisie, ELLE, pour hériter de ce petit trésor aux mille et un secrets ?

Impossible à savoir. Mais Lolly, en regardant ces feuilles colorées, a une idée en tête : confectionner des tonnes et des tonnes de bonbons magiques !

Elle va en fabriquer plein !

Des petits, des gros, des verts, des bleus, des jaunes ! Elle veut essayer toutes les recettes ! Reprendre le travail de grand-maman Pop et faire plein d'expériences !

Ça risque d'être vraiment amusant !

Un message vient d'arriver sur son iPod.

— Zut ! J'ai oublié d'écrire à Zoé !

Zoé

Tu es debout ?

Lolly

Je me lève
à l'instant.

Lolly n'aime pas mentir à sa meilleure amie, mais elle n'est pas tout à fait prête à lui raconter les folies qu'elle a vécues pendant la nuit. Elle a bien le droit d'avoir ses petits secrets, non ?

Zoé

Paresseuse !

Lolly

Hyperactive !

Zoé

Qu'est-ce que tu fais aujourd'hui ?

Lolly

Je dois encore
aider ma mère
à la boutique.
Et toi ?

Zoé

J'ai une partie
de basket
en début
d'après-midi.

Lolly

On se reparle
à ton retour ?

Zoé

Pas de problème !
À +.

Lolly

À +, et bonne chance !

Zoé

On va gagner, t'inquiète.
La chance n'a rien à voir là-dedans !

Lolly éteint son iPod, range ses affaires avec soin et descend rejoindre sa famille dans la salle à manger.

La journée est looonnngue !

Après un petit déjeuner interminable et une matinée à ouvrir des caisses et des caisses de bonbons de la Saint-Valentin, Lolly s'impatiente et soupire toutes les deux minutes.

— Qu'est-ce qui ne va pas, ma puce ? Je croyais que tu serais contente de m'aider, ce matin. Le pire du travail est fait, tu sais. On peut enfin laisser parler notre créativité.

En temps normal, Lolly aurait été émerveillée devant un tel choix de couleurs et de saveurs. L'ennui, c'est que sa tête est ailleurs. Elle n'arrive pas à penser à autre chose qu'à son projet.

Une stratégie est en train de prendre forme dans son esprit…

Premièrement, il est hors de question qu'elle se rende au grenier toutes les nuits.

Elle va apporter son matériel dans sa chambre et profiter de son temps libre pour faire des expériences. (Elle est même prête à se lever plus tôt s'il le faut !)

Ensuite, elle doit trouver quelqu'un sur qui tester le résultat de ses mixtures. Quelqu'un de plus…
de moins…

— Hé, maman ! Pourquoi Régis est caché dans cette boîte avec des chemises rouges ? demande Léo en lisant l'étiquette d'une caisse de bonbons.

Lolly sourit à pleines dents. Oui ! Son petit frère sera parfait !

— Régis ? s'étonne Anaïs. Ton oncle ?

— Ben oui ! répond-il comme si c'était la chose la plus évidente qui soit !

— Hein ? Mais de quoi parles-tu, Léo ?

— Régis est là-dedans ! insiste-t-il en pointant du doigt une toute petite boîte. Avec des chemises rouges ! On devrait le faire sortir, il va manquer d'air si ça continue !

— Il ne peut pas être là-dedans, mon chéri. C'est beaucoup trop petit.

— Mais si, c'est écrit, ici.

Curieuse, Lolly s'approche et lit l'étiquette :

Elle éclate aussitôt de rire.

— Quoi ?

— Tu n'as pas bien lu !
Ce sont des réglisses, pas Régis !
Et ici, c'est écrit «cerises rouges», pas « chemises rouges» !

Léo fait la moue.

— Ce n'est pas de ma faute !
Je suis juste en CP. C'est normal que je me trompe.

— Tu es très drôle, Mini Pop !

— Arrête de m'appeler comme ça ! Je ne suis pas Mini !

— OK. Je veux bien arrêter de t'appeler Mini Pop, mais toi, en échange, tu dois arrêter de prendre des bonbons sans permission.

— Je n'ai rien pris, aujourd'hui.

— Ah oui ? Fais voir tes poches.

Léo les retourne une à une. Elles sont vides.

— Tes joues ?

Il ouvre grand la bouche et dit :

Aaaahhhh...

— Humm, réfléchit Lolly. Je dois avoir oublié quelque chose…

Elle le scrute* de la tête aux pieds et pose son regard sur ses chaussettes. Elles sont toutes bombées. Léo écarquille les yeux. Il est démasqué.

En temps normal, Lolly l'aurait dit à sa mère. Mais pour l'instant, elle a envie d'être gentille avec son petit frère (peut-être parce qu'elle sait ce qu'elle va lui faire subir).

— C'est bon, annonce-t-elle. Tu as raison, je ne t'appellerai plus Mini Pop. Pour aujourd'hui, en tout cas.

Léo est si surpris qu'il file à toute vitesse.

ZIOUUUP !

Il ne voudrait surtout pas que sa sœur change d'avis.

— Tu peux y aller, toi aussi, propose la maman de Lolly. Tu n'es pas obligée de m'aider.

— Absolument. Je vois bien que tu as la tête ailleurs. Allez, va t'amuser.

— Merci, maman !

CHAPITRE 10

Petite bête griffue, grosse bête poilue!

— Ajouter trois grammes de poudre de lait de scorpion… Oui, j'ai ça juste ici. Voilà ! Ensuite, je mélange avec la pointe d'un stylo rouge et j'oriente mon chaudron vers le nord. OK. C'est fait. Maintenant, je dois… attends que je lise comme il faut… Je dois chanter l'hymne national du Japon… Quoi ? Mais je ne le connais pas, moi, l'hymne national du Japon ! Qu'est-ce que je fais ?

Cachée au fond de sa garde-robe, Lolly prépare sa troisième recette de la journée.

Jusque-là, elle croit avoir réussi « Animalerie de A à Z »…

(Trop curieuse de savoir ce que ça va donner !)

… mais a éprouvé quelques difficultés avec les ingrédients demandés pour réaliser le mélange **«pouet ! pouet !»**.

(Non, mais franchement ! Comment pourrait-elle se

procurer les sous-vêtements d'un joueur de hockey professionnel ? Ceux de Léo devront suffire.)

Bien décidée à réaliser avec succès la dernière recette (intitulée « Et patati, et tralala ! »), elle choisit de s'appliquer, même si, manifestement, elle ne connaît pas l'hymne national du Japon.

— Je vais chanter celui de la France. C'est le seul que je connaisse, de toute façon. Bon, c'est parti. « Allons enfants de la Patrie ! Le jour de gloire est

arrivé ! Contre nous de la tyrannie, l'étendard sanglant est levé ! Entendez-vous dans les campagnes mugir ces féroces soldats ?… »
Je me demande si c'est suffisant, je n'ai jamais appris la suite !

Lolly replonge les yeux dans son livre et lit les dernières instructions :

« Normalement, votre mélange devrait changer de couleur. Une teinte bleutée indique que vous avez oublié une étape importante. Jetez tout et recommencez, au risque de vous empoisonner. »

— Aïe ! C'est du sérieux !

« En revanche, si la mixture est rouge, c'est signe que vous avez réussi. Bravo ! Très peu de gens parviennent à chanter en japonais. »

— Yeah ! J'ai la bonne couleur. C'est logique, le Japon et la France ont tous les deux un drapeau avec du rouge !

Bien fière des résultats obtenus (et surtout, très excitée à l'idée de pouvoir enfin tester ses bonbons), elle décide que le moment est venu d'informer Zoé.

Lolly

Je t'attends
chez moi
au plus vite !

Zoé

Même pas
un petit « Salut ! »
avant de me
donner des ordres ?

Lolly

Pas le temps !

Zoé

Oui, on a gagné la partie, c'est gentil de demander ! J'ai super bien joué !

Lolly

Tu me raconteras ça plus tard !

Zoé

Houlà ! Tu n'es pas drôle !

Lolly

Ce n'est pas vrai ! Je peux être très comique, quand je veux. C'est juste que là, je n'ai pas le temps.

Zoé

Prouve-le. Écris-moi quelque chose qui va me faire rire.

Lolly

Ben voyons !
Ça ne se
commande pas,
ces affaires-là !

Zoé

C'est bien
ce que je
croyais…

Lolly

J'ai un excellent
sens de l'humour,
tu sais !

Zoé

Ah oui ? Où
l'as-tu caché ?
À Hawaï, avec
les kangourous ?

Lolly

Il n'y a pas
de kangourous
à Hawaï !
Qu'est-ce que tu racontes ?

Zoé

Je sais bien !
Je te testais,
c'est tout !

Tu vois, j'arrive à être drôle, moi !

Lolly voudrait bien lui répondre que c'est loin d'être comique, mais elle laisse tomber. Elle a bien trop hâte que son amie se décide à la rejoindre.

Lolly

Tu as envie de rire ? Viens donc ! Tu ne seras pas déçue ! Je te réserve quelque chose d'archispécial.

Zoé

Bon. Je suis curieuse. J'arrive !

Quelques minutes plus tard, les deux filles sont assises sur le lit de Lolly.

Zoé regarde son amie comme si elle venait de lui annoncer qu'elle avait embrassé Henri, le plus détestable des garçons de l'école.

— Pas du tout ! Je te le jure ! Je me suis VRAIMENT transformée en père Noël !

— N'importe quoi !

— Tu ne me crois pas ?

— Mais voyons ! Qui pourrait croire une chose pareille ?

Lolly n'est pas vexée. Elle aurait sûrement la même réaction si les rôles étaient inversés. Pour convaincre Zoé qu'elle dit la vérité, elle lui propose une démonstration.

Suis-moi !

Elles se rendent ensemble dans le salon. Léo est assis par terre et regarde son émission préférée à la télévision. Lolly marche à côté de lui, fait tomber un bonbon sur le sol et poursuit sa route jusqu'au canapé.

Léo est plus vif que l'éclair. Il attrape le bonbon d'une main et le glisse dans sa bouche, ni vu ni connu.

Enfin, c'est ce qu'il croit.

Lolly ne tient plus en place.

— Lequel lui as-tu donné ? chuchote Zoé, qui l'a suivie discrètement.

— « Animalerie de A à Z ».

— Il ne se passe rien !

— Sois patiente, ça met un peu de temps à agir.

Au même moment, Léo s'installe à quatre pattes et imite à la perfection le cri de l'âne.

Lolly éclate de rire et tape des mains. Mais Zoé n'est pas contente !

— Tu m’as fait marcher, c’est ça ? Ces bonbons ne sont pas DU TOUT magiques ! Tout le monde peut imiter un âne !

— Tout le monde, vraiment ? Même avec une queue et des sabots ?

Lolly pointe du doigt les pattes et le derrière de son frère. Zoé lâche un petit cri.

Elle n’en revient pas !

— Ne t’en fais pas ! Il ne restera pas comme ça pour toujours.

— Combien… Combien de temps ?

— Euh… En fait, je ne le sais pas. Je crois que je devrais prendre des notes, au cas où…

En contournant la bête pour aller chercher de quoi écrire, Lolly remarque que la queue de Léo rétrécit et que ses sabots disparaissent.

— C’est déjà fini ? Ça n’a pas duré longtemps !

Mais elle se trompe. Le bonbon n’a pas fini de libérer ses pouvoirs. En l’espace de quelques secondes, Léo est étendu sur le sol et rampe comme un serpent, les bras couverts d’écailles.

— Je n’y crois pas ! Un multipouvoir !

Lolly est folle de joie.

Elle se dépêche de noter toutes ses observations sur un bout de papier. De son côté, Zoé est sous le choc.

— Hé ! Ça va ?

— Non.

— Tu es plus blanche qu'un verre de lait.

— Je pense que je vais m'évanouir…

— Tu ne peux pas t'évanouir ! Tu vas manquer le spectacle !

Léo perd ses écailles, se remet à quatre pattes et aboie d'une petite voix.

Ouaf !
Ouaf !

Un peu comme le fait Guimauve, il s'approche des filles et sort la langue pour leur lécher le visage. Lolly l'arrête juste à temps.

— Beurk ! Même pas en rêve ! Allez, ouste !

Le chien s'éloigne du canapé et lève la patte de derrière.

— On dirait qu'il va faire pipi dans le pot de fleurs ! constate Zoé, un faible sourire aux lèvres.

— Quoi ?

Mais il n'a pas le temps de faire quoi que ce soit. La transformation reprend. Cette fois-ci, les deux filles ne peuvent s'empêcher de rigoler. Léo est hilarant*.

— Un dindon ! Ton frère est un dindon !

— Il a même le bidule tout mou qui lui pend au cou !

— Si je m'écoutais, je le ferais cuire pour le dîner !

— Oh ! Je crois qu'il n'est pas d'accord !

Léo se promène de long en large dans le salon en émettant des gloussements incessants.

— Une bonne dinde rôtie !

Hi, hi, hi !

Le manège se poursuit ainsi pendant un long moment. Léo prend l'apparence d'une foule d'animaux différents et imite tour à tour un éléphant (avec une trompe vraie de vraie !), un flamant tout rose, une grenouille visqueuse, un hamster tout mini, un iguane, et plein d'autres.

Ce n'est qu'après avoir perdu ses rayures de zèbre que Léo retrouve enfin un corps normal.

Épuisé (et un peu perdu), il s'allonge sur le canapé et tombe aussitôt endormi.

Lolly est comblée ! Cette recette de bonbon est trop géniale !

— Alors ? demande-t-elle à son amie. C'était dingue, hein ?

— Je…, hésite Zoé. Je ne suis pas sûre que… C'était… à vrai dire…

— Tu penses arriver à faire une phrase complète d'ici à demain ?

— Tu devrais te débarrasser de ce cahier.

— Quoi ? Tu veux rire ? Il est ce que j'ai de plus précieux ! Pas question que je m'en sépare !

— Écoute, Lolly. Je suis ton amie. C'est mon rôle de te conseiller.

— Oui, mais juste quand tu es du même avis que moi. Sinon, tu peux laisser tomber.

Lolly essaie de faire des blagues, mais Zoé demeure plus que sérieuse.

— J'ai l'impression que tes expériences peuvent être dangereuses.

— Dangereuses ?

N'importe quoi !

— Tu l'as dit toi-même ! Tu ne sais même pas quels sont les effets de ces bonbons.

— C'est pour ça que je dois les tester et prendre des notes. Tu vois ? J'ai presque réussi à écrire tous les noms d'animaux que Léo a mimés. Il ne me manque que celui-là… et celui-là.

Lolly pointe du doigt deux espaces vides sur sa feuille.

— Facile ! Ici, il s'est transformé en lama.
Il t'a même craché au visage, tu te souviens ? Et là, il nous a montré sa grande queue de paon. C'était magnifique.

— Tu as une sacrée mémoire, dis donc ! C'est allé si vite !

— Je n'ai pas de mérite. Avec le truc des lettres, c'est simple à retenir.

— Quel truc ?

— Bah, pas besoin d'avoir un diplôme d'université pour comprendre ! « Animalerie de A à Z ». Chaque animal représentait une lettre de l'alphabet : âne, boa, chien, dindon…

— Oh… Je n'avais pas fait le lien…

Zoé regarde son amie et pouffe de rire.

— Vraiment ?

— Vraiment.

Lolly rit à son tour.

— Ça montre bien à quel point j'ai besoin de toi. Ensemble, on va créer un super livre et compléter le travail commencé par grand-maman Pop.

Zoé hésite.

— OK. Mais je refuse que tu fasses des tests sur moi sans mon autorisation.

— Marché conclu !

CHAPITRE 11

« Pouet! Pouet! »
Un homme
à la

Le lendemain, Lolly propose une idée à sa mère.

— Tu sais, maman, il nous reste tout plein de friandises de Noël. Zoé et moi, on pourrait préparer un joli plateau et en offrir aux passants. Il fait si froid, aujourd'hui ! Je suis sûre que ça va leur donner envie d'entrer se réchauffer dans la boutique.

— C'est très ingénieux* ! approuve Anaïs, impressionnée. Je vous nomme responsables toutes les deux.

— Super ! Merci !

— Vous voulez que je vous aide, mes petites chéries ? propose madame Candy.

Lolly essaie de ne pas rire, quand elle la regarde. Ce matin, elle a l'air d'une vraie pizza. Elle a choisi des boucles d'oreilles en forme de champignons, un collier de tranches de saucisse, un bandeau couvert de poivrons et d'olives, et un chandail couleur sauce tomate. Il ne lui manque que le fromage pour qu'on ait envie de la glisser dans le four pour la faire cuire ! Très original !

— Non, merci ! C'est gentil, madame Candy, mais on veut le faire nous-mêmes.

— Comme vous voudrez. N'hésitez pas à venir me voir si vous avez besoin d'un coup de main.

Bien installées à une table, Lolly et Zoé s'appliquent à la préparation de leur plateau tout à fait spécial.

— Tu crois que ça va marcher ? demande Zoé, un peu nerveuse.

— C'est certain ! chuchote Lolly. Les gens sont si gourmands ! Nos bonbons vont s'envoler à toute vitesse. Et nos expériences magiques aussi... Hi, hi, hi !

— Ça me fait peur, tu sais.

— Je comprends, mais il ne faut pas oublier que c'est grand-maman Pop qui a inventé ces recettes. Mon père dit toujours qu'elle était très farceuse. Je suis sûre qu'elle voulait juste rire. Elle ne voulait faire de mal à personne.

— Tu as sûrement raison.

— Bon ! C'est terminé ! On y va ?

— On y va !

Lolly et Zoé s'habillent et sortent de la confiserie.

C’est vrai qu’il fait froid, aujourd’hui !

Les filles ne sont dehors que depuis quelques secondes et, déjà, elles ont le bout du nez gelé.

— Un petit bonbon ? lancent-elles aux passants.

— Non, merci.

— Allez, seulement un ! Pour nous faire plaisir !

À force d’insister, la plupart

des gens finissent par accepter. Lolly et Zoé attendent l'instant où l'un d'eux mettra la main sur…

Oh ! Ça y est ! Il se passe quelque chose !

Madame Gauthier, la bouchère, s'approche des filles et choisit un bonbon-test ! Lolly donne un coup de coude à son amie et ouvre grand les yeux. La dame porte la friandise à sa bouche et se tourne pour inspecter la vitrine de la boutique.

— **Hi, hi, hi !** Elle ne sait pas ce qui l'attend !

— Nous non plus, d'ailleurs. Qu'est-ce qu'elle a choisi ? demande Zoé à voix basse.

— 

— Je sens que ça va être rigolo ! Tu crois qu'elle va se mettre à péter partout ?

— Beurk ! Dégoûtant ! J'espère que non ! Il y a assez de mon frère qui pète sans arrêt !

Madame Gauthier se tourne face à la rue, place ses mains autour de sa bouche et annonce bien fort :

— Attention, mesdames et messieurs ! Ici votre capitaine. Dépêchez-vous, je vous prie ! Nous sommes prêts à larguer les amarres !

Lolly pouffe de rire. Dans la rue, les piétons l'observent en fronçant les sourcils.

Elle reprend encore plus fort :

— Allez, par ici ! Venez déposer vos bagages ! Nous partons en direction des îles Canaries.

Le faux capitaine fait monter des gens imaginaires à bord de son navire. Il les salue, leur serre la main, s'assure qu'ils ne manquent de rien.

— Waouh ! C'est dingue ! lâche Zoé, la bouche grande ouverte. On dirait qu'elle croit vraiment tout ce qu'elle dit…

— Oui, c’est très drôle !

Lolly a mal au ventre à force de rire.

— C’est la sirène du bateau, ça ?

— On dirait bien !

TTTUUUUUUTTT!
TTTUUUUUUTTT!

Cette fois, tout le monde s’arrête pour observer la scène.

Les piétons, les voitures, et même le bus de la ville !

TTTUUUUUUTTT!
TTTUUUUUUTTT!

Lolly s'inquiète un peu quand un policier approche, une radio à la main. Elle ne voudrait pas que madame Gauthier ait des ennuis par sa faute. Et s'il décidait de l'emmener en prison ?

Oh non !

Zoé a vu le policier, elle aussi. Une idée lui vient aussitôt :

— Un homme à la mer ! hurle-t-elle de toutes ses forces. Un homme à la mer !

— Qu'est-ce que tu fais ? siffle Lolly entre ses dents. On va avoir des problèmes !

— Fais-moi confiance ! chuchote Zoé.

Puis elle continue, les bras levés, battant l'air :

— Capitaine, je suis tombée à l'eau ! Aidez-moi ! Par ici !

Aussitôt, le « capitaine » écarquille* les yeux et réalise que l'heure est grave.

— Oh ! Nom d'un bateau ! Coupez les moteurs ! Nous avons un homme à la mer !

Madame Gauthier se retourne vers Lolly et donne ses ordres :

— Moussaillon ! Lancez-lui une bouée.

Moment de silence.

— C'est à toi qu'elle parle ! dit Zoé à son amie.

— Hein ?

— Lance-moi une bouée de sauvetage !

Lolly ne comprend pas pourquoi Zoé agit bizarrement, elle aussi. Elle n'a pas avalé de bonbon, pourtant !

— Plus vite ! la presse Zoé.

— OK. Donne-moi deux minutes !

Un peu gênée, elle dépose son plateau au sol et fait semblant de décrocher une bouée. Puis elle la lance à Zoé.

— Bien joué, moussaillon ! la félicite le « capitaine ». Maintenant, remontons-le à bord. Je vais vous aider !

Ensemble, elles tirent la corde invisible jusqu'à ce que Zoé soit saine et sauve.

Sur le trottoir, les passants se posent de plus en plus de questions.

Pourquoi cette scène étrange ?

Qu'est-ce qui lui prend, à madame Gauthier, de crier comme ça en pleine rue ? Elle qui est si timide, en temps normal !

Puis, comme si elle réalisait ce qu'elle venait de faire, la bouchère ouvre grand les yeux et secoue lentement la tête de gauche à droite.

Les effets magiques du bonbon commencent à s'estomper.

Encore une fois, Zoé prend la relève.

— Merci beaucoup, mesdames et messieurs, chers amis, chers passants ! Vous venez d'assister à notre mini pièce de théâtre, qui a pour titre : *Pouet ! Pouet !* Je tiens à mentionner la participation spéciale de madame Gauthier, qui s'est portée volontaire pour ensoleiller notre matinée en cette journée froide et nuageuse. Je crois qu'on peut l'applaudir !

La petite foule qui s'est amassée sur le trottoir tape des mains timidement.

Clap ! Clap ! Clap !

— J'ai fait ça, moi ? se questionne madame Gauthier à voix basse.

— Je vous remercie de votre attention ! continue Zoé sans lui répondre. N'hésitez pas à entrer chez Croc ! Miam ! Pop ! pour vous réchauffer et découvrir les nouveautés de la Saint-Valentin.

Le policier s'en va, les piétons reprennent leur route et quelques curieux s'engouffrent dans la boutique. Quant à madame Gauthier, elle cligne des yeux, un peu sous le choc, et fait demi-tour.

— Je me sens très fatiguée, tout à coup…

Lolly et Zoé se regardent et éclatent de rire.

— C'était trop drôle !

— Quand est-ce qu'on recommence ?

CHAPITRE 12

Un peu de poussière, des ongles d'orteils et le tour est joué !

Lolly consulte son cahier une dernière fois avant d'aller à l'école.

Juste après l'épisode du bateau-qui-emmène-des-gens-aux-îles-Canaries-avec-un-capitaine-trop-drôle, elle a pris soin de noter toutes les informations importantes au sujet de la recette testée.

Ne pas oublier !

« Pouet ! Pouet ! » = Sous-vêtements de joueurs de hockey professionnels. Préparation non testée par manque d'ingrédients. Effets inconnus pour l'instant.

Changer le nom pour « Tuuut ! Tuuut ! » = Sous-vêtements de Léo. Le sujet se transforme en commandant de bateau et invite les passagers à partir en croisière.

Durée : environ dix minutes.

Ce cahier est maintenant ce qu'elle possède de plus précieux.

Elle compte y retranscrire toutes ses observations pour qu'il puisse devenir un **VRAI DE VRAI** grimoire.

Qui sait ? Peut-être que ses petits-enfants auront envie de poursuivre ses expériences, un jour ! (Même si l'idée d'avoir elle-même des enfants lui donne la chair de poule. Elle est bien trop jeune pour penser à ça !)

Lolly referme son cahier. La journée promet d'être excitante ! Ultra-extra-méga excitante !

La veille, Zoé et elle ont passé l'après-midi à fouiller dans les ingrédients de grand-maman Pop et à concocter de nouveaux bonbons super-spéciaux. Il ne reste plus qu'à les tester. Quel meilleur endroit que l'école pour ce genre d'expériences ?

Dès qu'elles arrivent dans la cour, les deux amies se retrouvent pour résumer leur plan.

— Prends celui-ci et essaie

de le refiler à Bobby avant la récré, dit Lolly, en sortant un caramel d'un sac plein de bonbons magiques. Je ne veux pas manquer ça !

— Pas de problème ! Et toi, tu as les blocs « WALL-E » ?

— Oui, ils sont dans mon sac.

— Prépare-toi, ils arrivent !

Zoé et Lolly se retournent vivement. À quelques mètres d'elles, Chloé, Pierre-Loup Casse-Cou et leurs amis approchent. Comme Lolly avait promis de leur rapporter une surprise, la situation est idéale !

— Salut, tout le monde !

— Salut, Lolly !

— Tu as passé un bon week-end ?

— Tu t'es bien amusée, à la confiserie ?

— Tu n'as pas eu besoin d'aide pour nettoyer les toilettes ?

Lolly leur sourit.

— C'était parfait, merci. On a reçu de nouveaux bonbons, vous en voulez ?

— Oh oui ! s'exclame Chloé en se précipitant sur elle. Qu'est-ce que c'est ?

— Oh ! Ils sont rigolos ! remarque Pierre-Loup. On dirait des petits blocs de construction en plastique.

— Allez-y ! Prenez-en chacun un. Ne soyez pas timides.

Les bonbons disparaissent un à un.

Avalés !

Zoé et Lolly attendent avec impatience les premiers signes d'une quelconque transformation. Cette mystérieuse recette nommée « WALL-E » leur rappelle un dessin animé avec un petit robot tout mignon.

Si ça se trouve, ils vont se transformer en androïdes*

ou en humains bioniques* !
(Des trucs de robots, quoi !)

— Pourquoi vous nous regardez comme ça ? leur demande Chloé.

— Oh ! Pour rien ! On veut juste savoir s'ils sont bons.

— Vous ne les aviez pas encore goûtés ? On aurait dû vous en laisser !

— Non, non, c'est bon, la rassure Lolly. Je crois qu'il m'en reste au fond de mon sac.

— Alors ? s'impatiente Zoé.

— C'est un peu bizarre, avoue Pierre-Loup en suçotant son bonbon. On dirait que ça a le goût de… un peu comme…

— De la poussière, complète Chloé.

— Ou du béton.

— Oui, c'est ça !

Les autres approuvent d'un hochement de tête.

Zoé grimace.

— Vous avez déjà mangé du béton ? Beurk !

— Mais non, voyons ! C'est juste qu'on a l'impression d'avoir un goût de brique dans la bouche… Ou de roche, je ne sais pas trop…

Lolly se mord l'intérieur de la joue. Elle a peut-être exagéré sur la poussière d'aspirateur !

Pourvu que ses amis ne recrachent pas leur bonbon !

— Bon. Avalez-le et je vais

vous donner autre chose. Je crois que j'ai des réglisses dans ma poche.

Elle ne les quitte pas des yeux.

— Et sinon, vous vous sentez bien ?

Chloé fronce les sourcils.

— Pourquoi tu nous demandes ça ?

— Pour rien, pour rien…

Les deux amies échangent un regard curieux.

Les effets auraient déjà dû se manifester !

La cloche sonne. Tout le monde doit se mettre en rang.

— Qu'est-ce qu'on fait, maintenant ? chuchote Zoé.

— Rien du tout. Notre recette n'a pas fonctionné. J'imagine qu'on a oublié une étape ou qu'on s'est trompées dans la quantité d'un ingrédient.

— Je t'avais dit de ne pas mettre TOUS tes ongles d'orteils, aussi ! Un seul aurait suffi !

— Il fallait que je les coupe de toute façon ! Autant les utiliser ! Non, moi, je pense qu'il fallait attendre trois secondes de plus avant d'ajouter la limace. Tu as compté trop vite !

— N'importe quoi !

— N'importe quoi toi-même !

Les deux amies s'arrêtent de marcher, tirent la langue

et éclatent de rire.

— On ne va pas se fâcher pour ça, hein !

— Oh que non !

— On a raté notre coup. Et alors ?

— On essaiera les autres bonbons à la récré.

— Oui, madame !

Lolly et Zoé se tapent dans la main et se séparent pour rejoindre leur rang respectif.

Tout à l'avant, une maîtresse les fait entrer un par un.

Au moment où la classe de Pierre-Loup avance, une bousculade se déclenche et certains élèves sont poussés à l'extérieur du rang.

Là, un étrange phénomène se produit. Non. Étrange, ce n'est pas assez fort, comme mot.

Au lieu de percuter le mur de l'école, le corps entier de Pierre-Loup passe à travers et disparaît complètement.

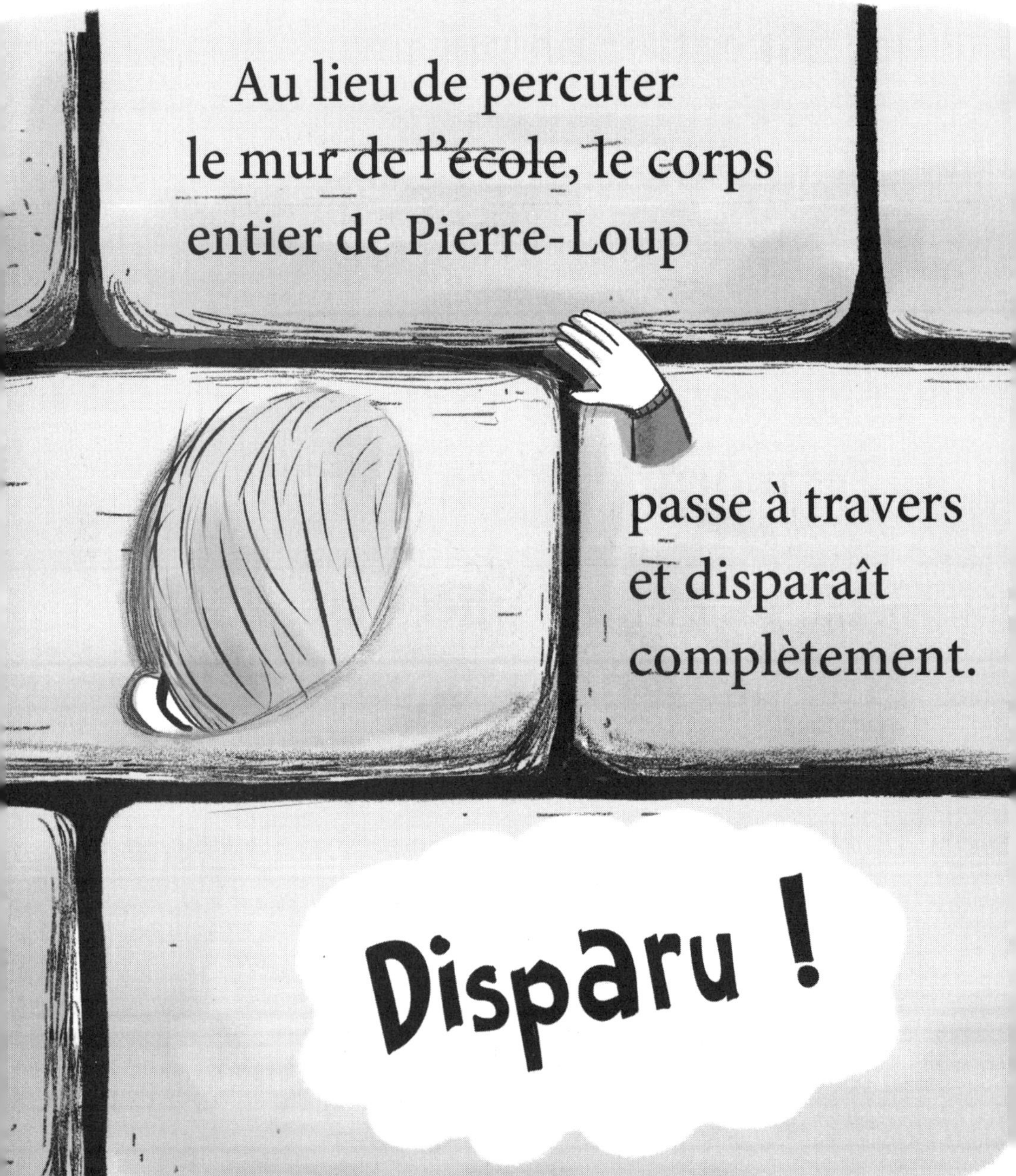

CHAPITRE 13

Alerte!

Alerte!

L'heure est grave!

Affolée, Lolly regarde autour d'elle. Personne ne semble avoir remarqué la disparition de Pierre-Loup. Les élèves et les enseignants sont trop occupés à gérer la bousculade.

— Du calme, les enfants !

— On rentre dans les rangs, allez !

— C'est lui qui a commencé !

— Non, c'est lui !

Lolly retrouve Zoé dans le brouhaha et lui fait signe de la suivre. Ensemble, elles entrent dans le bâtiment sans être vues et tombent nez à nez avec Pierre-Loup.

— Hé ! Tu vas bien ? lui demande Lolly.

Pourtant, il semble être encore entier.

— Qu’est-ce qui s’est passé ? l’interroge Zoé. Tu es passé à travers le mur ? Pour de vrai ?

Pierre-Loup relève la tête d'un coup sec.

— À travers le mur ? répète-t-il. C'est une blague, ou quoi ? Je ne suis pas l'homme invisible !

Lolly voudrait lui expliquer qu'être invisible ne signifie pas qu'on peut passer à travers les murs, mais Pierre-Loup est si ébranlé qu'elle préfère tenir sa langue.

— J'ai été bousculé, c'est tout. Tommy m'a poussé. Je… Je suis tombé ici…

— D’accord. On te croit. Tu te sens assez bien pour aller en classe ? Tu n’as mal nulle part ?

— Je… Ça va. Je vais y aller, dit-il en empruntant la direction des toilettes.

— Ne touche à rien, surtout ! lui crie Lolly alors qu’il se trouve déjà à l’autre bout du couloir.

Dès qu’elles sont seules, Zoé et Lolly se regardent, sous le choc.

— Tu as vu ça ?

— C’était carrément fou !

— Ces « WALL-E » sont de vrais petits bijoux ! Il faut qu'on en prépare d'autres !

— Je suis d'accord ! s'exclame joyeusement Lolly. Ils vont être hyper pratiques. Je vais enfin pouvoir aider mon frère quand il s'enferme dans le sous-sol !

— Je vais pouvoir rentrer chez moi si je perds ma clé ! ajoute Zoé.

— Je vais pouvoir me lever la nuit et fouiller dans la confiserie pour compléter ma liste d'ingrédients.

— Je vais pouvoir espionner les garçons, dans le vestiaire de sport !

Lolly ouvre grand la bouche.

— Est-ce que j'ai dit ça à voix haute ? demande Zoé, gênée.

— Oui…

— Oublie ça, tu veux ?

En effet, Lolly préfère oublier.

— Les autres arrivent, annonce-t-elle.

— OK. On se voit plus tard.

Sans un mot de plus, les deux filles se glissent dans leurs rangs et suivent le mouvement comme si de rien n'était.

— Sortez votre manuel de mathématiques à la page cinquante-deux, demande madame Tania quand tout le monde a fini de défaire son sac. J'aimerais qu'on révise la leçon de la semaine dernière.

Lolly ouvre son pupitre et entend la vibration de son iPod.

Qui peut bien lui envoyer un message à cette heure ? Elle est en cours ! Elle n'a pas le droit de recevoir ni d'envoyer des messages !

Bien cachée derrière son bureau, elle s'empare de son iPod et le consulte rapidement.

Zoé

EXTRÊME URGENCE ! RÉPONDS !

Le sang de Lolly ne fait qu'un tour. Si Zoé a pris le risque de lui écrire pendant les cours, c’est que l’heure est grave !

Lolly

Explique !

Zoé

Je ne peux pas ! Rejoins-moi près de la salle de musique TOUT DE SUITE !

Lolly connaît assez son amie pour savoir qu’elle doit obéir sans poser de question.

Elle range son iPod, referme son pupitre et se dirige vers le bureau de son enseignante.

Elle n'a pas le choix, elle doit inventer quelque chose.

— Pardon, madame Tania. Est-ce que je peux aller aux toilettes, s'il vous plaît ?

— Pourquoi tu n'y es pas allée avant le début du cours ?

— Parce que je n'avais pas envie. Mais là, j'ai super mal au ventre. Je pense que j'ai attrapé le virus de mon père. Il a été malade tout le week-end. Il a même vomi dans la salle de bains. Encore plus écœurant, pendant qu'on mangeait, il n'a pas eu le temps d'aller jusqu'aux toilettes et…

— C'est bon ! la coupe madame Tania, dégoûtée. Vas-y !

— Merci !

— Ce n'est pas la peine de revenir en classe si tu es malade.

Va voir la secrétaire, elle essaiera de contacter tes parents.

Bon ! La voie est libre ! Lolly n'a pas le droit de courir dans les couloirs de l'école, mais elle accélère tellement le pas qu'elle pourrait participer aux Jeux olympiques dans la catégorie « marche rapide » ! Elle aperçoit Zoé près de la salle de musique. Heureusement, personne d'autre ne se balade dans les couloirs.

— Qu’est-ce qu’il y a ? demande-t-elle aussitôt.

— On est dans le pétrin* !

— Quoi ? Explique ! Tu me fais peur !

— Eh bien tu as raison d’avoir peur !

TOC ! TOC ! TOC !

Lolly tourne la tête en direction du mur.

TOC ! TOC ! TOC !

— C'est quoi, ce bruit ?

— Mauvaise question.

— Hein ? Qu'est-ce que tu veux dire ?

— Tu dois plutôt demander : « C'est qui, ce bruit ? »

TOC ! TOC ! TOC !

Lolly ne comprend pas.

TOC ! TOC ! TOC !

— Aiiiddeezzzz-mooooiii !

La voix est faible, comme si… comme si elle était cachée derrière… un mur !

— Chloé est coincée, explique Zoé.

— Chloé ? C’est vrai ? Énooorrrmme !

— Hé ! C’est loin d’être drôle !

— Au contraire ! Ça veut dire que nos blocs « WALL-E » fonctionnent super bien ! D’abord Pierre-Loup, et maintenant Chloé ! C’est génial !

Lolly est très contente de leurs expériences.

— Le bonbon n'agit plus ! s'exclame Zoé. Son effet a disparu !

— Et alors ?

Zoé lève les yeux au ciel.

— Tu t'es réveillée, ce matin, ou tu dors encore ? Ouvre les yeux ! Elle ne peut plus sortir de là. Elle est redevenue comme avant. ELLE-NE-PEUT-PLUS-PASSER-À-TRAVERS-LES-MURS !

— Il doit bien y avoir une façon de la sortir de là ! Je veux dire : elle est où ? Dans un local de rangement ? Dans une salle informatique ?

— C'est ça, le problème ! Elle n'est nulle part ! C'est un espace vide entre le couloir et le gymnase. Il n'y a pas de porte, pas de fenêtre, pas même un minuscule trou à rats.

— Oh !

— Enfin ! Elle comprend !

— Aiiiddeezzzz-moooooiii !

— Qu'est-ce qu'on fait ? demande Zoé. On appelle les pompiers ?

— Les pompiers ? Tu vois un feu, toi ?

— Non, mais…

— Pas de pompier ! décide Lolly. On l'a mise dans cette situation, c'est donc à nous de l'en sortir. Je crois que j'ai une idée !

Lolly avance son visage près du mur et crie :

— Ne t'en fais pas, Chloé ! Je m'occupe de toi !

Puis, elle pique un sprint dans le couloir.

— Hé ! intervient Zoé. Tu n'as pas le droit de…

Mais elle se tait. Après tout, elles viennent d'emprisonner une fille dans un mur de leur école… À côté de ça, rien ne lui semble bien grave, surtout pas un petit sprint de rien du tout.

Lolly court de toutes ses forces. Elle doit récupérer

ses bonbons magiques !
Tout de suite !

« J'aurais TELLEMENT dû les laisser dans la poche de mon manteau ! » se dit-elle, furieuse contre elle-même.

À présent, elle doit retourner dans sa classe, aller jusqu'à son pupitre, l'ouvrir, trouver ses bonbons, les cacher dans sa poche, refermer son pupitre et quitter la salle sans être vue.

MISSION IMPOSSIBLE !

— Pourquoi est-ce que je ne suis pas l'homme invisible ?

Soudain, une idée lui passe par la tête. Une idée un peu folle…

Elle fait encore quelques pas et s'arrête devant l'alarme incendie.

« Non… Je ne peux pas faire ça…, tente-t-elle de se convaincre. Je dois trouver une autre solution.

Mais elle n'arrive pas à bouger.

En même temps… ce serait si facile ! Est-ce que c’est illégal ? Est-ce que je peux aller en prison, pour ça ? »

Elle allonge le bras, pose ses doigts sur l’alarme et s’imagine tirer d’un bon coup sec.

Aussitôt, des images bien vilaines lui apparaissent.

Des centaines d'enfants évacués dans la cour d'école.
Dans le froid… En plein hiver…
Sans bottes ni manteau…
Les pompiers qui arrivent en catastrophe, les tuyaux prêts à être utilisés.

Mais surtout, la plus horrible des images : les policiers qui mènent leur enquête, découvrent ce qu'elle a fait et l'emmènent au poste de police, les menottes aux poignets.

Lolly retire ses doigts de l'alarme incendie, horrifiée.

« Pas question de tirer là-dessus ! Je dois y arriver autrement. »

Elle reprend son chemin et entre dans sa classe sur la pointe des pieds. Madame Tania a le dos tourné et écrit au tableau.

Lolly avance sans faire de bruit et remarque que des visages curieux l'observent. Elle pose un index sur ses lèvres pour leur faire un « chut ! » silencieux. Puis, à la manière d'une vraie espionne, elle se faufile et s'empare de son sac de bonbons.

Tout va comme sur des roulettes jusqu'à ce que…

Le couvercle de son bureau lui glisse des mains et se referme avec fracas.

— Lolly ? s'étonne son enseignante en tournant la tête. Qu'est-ce que tu fais ?

— Euh…

— Est-ce que tu te sens mieux ?

— Ben… Justement. Je me sens moyen mieux. Je pense que… Je pense que je vais retourner aux toilettes !

En deux temps trois mouvements, elle se précipite hors de sa classe et rejoint Zoé, qui n'a toujours pas bougé d'un poil.

— Ah ! Te revoilà ! C'est quoi, ton plan ?

Lolly sort le sachet de bonbons de la poche arrière de son jean.

— J'en mange un, je passe à travers le mur, j'en donne un à Chloé et on revient toutes les deux. Ce n'est pas plus compliqué que ça.

Zoé approuve d'un hochement de tête et examine le contenu du sachet.

— **OH! OH!** On a un problème.

— Oui, je sais! Mais je viens de trouver la solution.

— Non! On a un AUTRE problème.

— Quoi ?

— Regarde dans ton sac. Il ne reste qu'UN « WALL-E ».

— Et alors ? On en fera d'autres, c'est tout !

— Je veux bien te croire, mais dis-moi comment tu vas faire pour en prendre un et en donner un autre à Chloé ?

Pire encore !

— Tu crois que ça peut fonctionner si j'en mange juste la moitié ? tente Lolly.

— Comment est-ce que je pourrais le savoir ?

— Pourquoi tu n'essaierais pas à ma place ?

— Pas question !

— Poule mouillée !

— Poule mouillée toi-même !

Lolly prend une grande inspiration.

— Bon. OK. Je vais le faire. Si tu vois qu'on ne revient pas d'ici cinq minutes, Chloé et moi, cours à la maison, entre dans ma chambre et prépare illico presto une autre recette de « WALL-E ». Compris ?

— Ta mère ne me laissera pas faire ! Elle va m'interroger !

— Situation d'urgence. Tu n'as pas le choix ! Je suis sûre

que tu sauras te débrouiller.

Zoé hésite.

— Je peux compter sur toi ?

— Oui, oui.

— Promis ? Je ne veux pas rester coincée entre ces murs pendant deux jours.

— Moi non pluuuuus ! rouspète la voix lointaine de Chloé.

— Promis ! affirme Zoé

en serrant son amie dans ses bras. Allez, sois prudente.

— Ça suffit ! se fâche Chloé, impatiente. Tu viens me chercher ou pas ?

Lolly prend le bonbon dans ses doigts et croque dedans pour en avaler la moitié.

— Comment tu te sens ?

— Étonnamment bien.

On dirait que je suis plus légère.

— Vas-y. Essaie de passer à travers le mur.

Lolly tend le bras et l'appuie contre le béton, mais ne parvient pas à rejoindre Chloé.

— Peut-être qu'il faut attendre encore un peu…

— Pousse-moi fort. Je ne peux pas me permettre d'attendre

une seconde de plus. On ne sait pas combien de temps il me reste, alors je dois faire vite.

Lolly s'installe face au mur et compte :

— Un… deux… trois… Go !

— C'est parti !

Zoé prend de l'élan et appuie dans le dos de son amie de toutes ses forces.

– AARRRGGGHHH !

Lolly passe dans le mur.

— Bravo !
C'est complètement fou !

— Je ne te le fais pas dire ! approuve Chloé, la voix faible.

Plongées dans le noir complet, les deux filles ne se voient pas. À tâtons, Lolly trouve enfin la main de Chloé et y dépose l'autre moitié du bonbon « WALL-E ».

— Avale ça. Tout de suite !

— C'est fait.

— OK. Je retraverse le mur. Rejoins-moi dès que tu peux.

— Comment je fais ?

— Donne-toi de l'élan et fonce !
On se retrouve dans le couloir.

Flouuup !

Lolly traverse et saute dans les bras de Zoé.

— Oh ! J'ai réussi !

— Oui ! Bravo !

Flouuup !

Chloé apparaît à son tour. Les deux filles se félicitent de leur exploit.

— Bravo ! Tu as été géniale !

— Oui, toi aussi !

— Dure matinée !

— C'était fou !

Chloé, de son côté, leur demande, le visage blême :

— Est-ce que vous êtes des sorcières ?

Lolly et Zoé éclatent de rire et retournent en classe.

CHAPITRE 14

Voici une expérience scientifique testée sur des enfants un peu trop gourmands.

Dans la cour de l'école, tout est calme.

TROP calme.

— C'est bizarre, tu ne trouves pas ?

— Quoi ?

— Ce silence.

— Bof. Moi, je trouve que ça fait du bien. C'est toujours trop bruyant à mon goût, pendant la récré.

— Oui, je suis d'accord, mais là, c'est presque angoissant.

Lolly promène son regard aux alentours.

À leur gauche, un groupe d'élèves de CM2 murmure. À leur droite, Chloé, Pierre-Loup et leurs amis sifflent en levant la tête vers le ciel, comme s'ils faisaient semblant de s'intéresser aux oiseaux. (Sauf qu'il n'y a aucun oiseau dans le ciel, en ce moment !)

Droit devant, deux petites filles les fixent avec des yeux plus ronds et plus grands que des balles de golf. Lolly perd patience.

Les petites filles s'enfuient à toute vitesse.

Puis, tout se passe très vite.

Un garçon nommé Fred s'approche et fonce droit sur Lolly, suivi d'autres enfants à l'allure inquiétante.

— Hé ! Qu'est-ce que vous faites ?

— Il paraît que vous avez des bonbons qui font passer à travers les murs. Je les veux !

Des mains attrapent Lolly, ouvrent son manteau et fouillent à l'intérieur de ses poches.

— C'est moi qui les veux !

— Non ! C'est moi !

— J'en ai plus besoin que vous !

— Même pas vrai !

Zoé prend la défense
de son amie.

— Laissez-la tranquille, bande
de sauvages !

Mais elle est impuissante. Ils
sont trop nombreux et, surtout,
trop décidés à obtenir ce qu'ils
sont venus chercher.

Fred lève le sac de bonbons
bien haut, fier de sa trouvaille.

— C'est à moi ! se plaint Lolly. Vous n'avez pas le droit de le prendre. Il m'appartient.

— Plus maintenant !

L'ennui, c'est que Fred a à peine eu le temps d'avaler un bonbon qu'il se fait attaquer à son tour. Il essaie de se sauver en courant, mais une fillette plus rapide que lui le rattrape bientôt, puis elle-même se fait poursuivre par Pierre-Loup

Casse-Cou… qui tire un peu trop fort…

Le sac se déchire et les bonbons s'éparpillent* au sol. Tout le monde se bouscule pour avoir sa part et, en quelques secondes, il ne reste plus rien.

— Je crois qu'on va bien rire ! déclare Lolly, qui trouve que la situation a pris une tournure assez comique.

— Oh que oui !

— Tant pis pour eux !
Ils n'avaient qu'à pas me voler mes affaires.

Un cri aigu se fait entendre.

– Hiiiiiii !

Une petite fille a perdu ses bras et tente de les récupérer tandis qu'ils se sauvent en sautillant dans la neige.
Le plus drôle, c'est que la pauvre fillette N'A PLUS DE BRAS, donc elle n'a aucun moyen de les attraper.

Juste à côté, une autre scène hilarante* : un garçon nommé Olivier a les cheveux qui poussent vite, vite, vite ! En essayant d'avancer, il pose le pied sur sa propre chevelure, trébuche et tombe sur Chloé, qui n'arrive plus à arrêter de faire des claquettes.

— Regarde là-bas ! dit Zoé.

— Le garçon au nez en forme de trompette ? demande Lolly.

Ce dernier colle son énorme instrument à l'oreille des gens

et leur joue des airs de fanfare.

Tur-lu-tu-tu-tu-tu !
Tur-lu-tu-tu-tu-tu !

— C'est vrai qu'il est marrant, mais je voulais te montrer l'autre, un peu plus loin. Je crois que c'est Félix. On dirait qu'il va s'envoler.

— Tu as raison ! C'est fou ! Il est couvert de plumes.

— Et il a aussi… euh… un gros derrière…

Lolly et Zoé plissent les yeux.

— C'est quelle sorte d'oiseau, ça ?

— Une chouette ?

— Non, les chouettes ont un tout petit cou. Le sien est hyper long.

— Exact. C'est peut-être un héron.

L'oiseau non identifié avance de quelques pas, s'arrête et s'accroupit sur le sol.

— Qu'est-ce qu'il fait, selon toi ? Une sieste ?

Quelques secondes plus tard, Lolly et Zoé éclatent de rire.

— Oh ! Je n'en crois pas mes yeux ! Il a pondu un œuf !

— Un ŒUF ! Hi, hi, hi ! Un œuf d'autruche !

— Félix est une autruche !

Lolly ne pouvait espérer plus belle journée. Elle est entourée d'enfants qui jonglent avec des voitures (**Zip ! Zap ! Zop !**),

Zop !), qui vomissent des fleurs (Buurrpp !), qui parlent à l'envers (« ? srevne'l à elrap ej iouqruop siaM »), qui se prennent pour des joueurs de golf (« Attention, la balle roule sur le green, elle roule, elle roule, et… Oui ! Gagné ! ») ou qui arrivent à imiter un nombre incalculable de sonneries de téléphone

(Driiing ! Ding dong !
Di-dou-di-dou !
Viouuu, viouuu, viouuu !
Pling Pling Pling !).

Elle aperçoit même deux ou trois pères Noël qui donnent leurs ordres aux rennes en criant et en lançant des

HO! HO! HO!

Mais le plus étonnant dans tout ça (et il y a UN TAS de choses étonnantes à voir, dans cette cour d'école), c'est que les enseignants ne réagissent pas du tout.

Ils sont figés comme des statues et observent la scène sans intervenir.

— Tu crois qu'ils ont peur ? demande Zoé.

— Je crois qu'ils sont terrifiés.

Peu à peu, le calme revient. Les élèves retrouvent leur apparence normale (ils récupèrent leurs membres, perdent leurs plumes, grandissent ou rapetissent, selon le cas) et se mettent à rire.

— C'était trop génial !

— Tu l'as dit ! Je ne me suis jamais autant amusé !

— Dommage que ce soit déjà fini !

DRRRiiiNNNGGG !

La sonnerie annonce la fin de la récré et tout le monde se met en rang.

En classe, les enseignants sont encore sous le choc (ils tremblent de partout), et les élèves, épuisés, n'ont d'autre choix que de poser la tête sur leur bureau pour se reposer.

CHAPITRE 15

Les aventures de Lolly Pop ne sont pas terminées!

Oh non!

Elles ne font que

COMMENCER!

En rentrant de l'école cet après-midi-là, Lolly se met au travail et crée le plus beau, le plus original, le plus extravagant de tous les décors de la Saint-Valentin.

— C'est incroyable, ma puce ! Tu es fantastique !

— Merci, maman.

Lolly est très heureuse de sa réalisation. Elle recule et observe le résultat, satisfaite. Oui, elle a réussi. En plus, le magasin est plein à CRAQUER.

— Je me demandais une chose, ma puce.

— Laquelle ?

— Comment as-tu fait pour attirer tout ce monde ?

Lolly hausse les épaules. Sa mère n'est pas obligée de savoir que les élèves de son école se sont déplacés pour lui glisser, ni vu ni connu, des bouts de papier dans la main.

Elle a bien le droit d'avoir ses petits secrets, non ?

Je rêve d'être plus rapide que mon frère. Penses-tu pouvoir m'aider ?

Josie

Salut Lolly. Je veux jouer un tour à ma petite sœur. Est-ce qu'il te reste des bonbons qui permettent de se transformer en père Noël ?

Andy

Connais-tu une recette qui m'aiderait à réussir mon examen de musique?
Coralie

J'aimerais devenir plus intelligent.
Anonyme

Tu n'as toujours pas besoin de quelqu'un pour nettoyer les toilettes ?
Pierre-Loup

Lolly sourit.

On dirait qu'elle n'a pas fini de préparer des recettes magiques !

LEXIQUE

p.22 : dévaler : descendre très rapidement.
p.22 : contourner : faire le tour.
p.28 : s'apprêter : être sur le point de.
pp.30, 251, 327 : écarquiller : ouvrir tout grand.
pp.31, 117 : un présentoir : petit meuble qui présente des produits à vendre.
p.46 : plisser le nez : contracter le nez, le faire remonter.
p.50 : emboîter le pas : marcher juste derrière quelqu'un.
p.60 : scintillant : brillant.
p.61 : se lamenter : se plaindre.
p.71, 304 , 402 : hilarant : très drôle.
p.75 : un look : manière de s'habiller et de se comporter (*familier*).
p.87 : un filament : sorte de fil, traînée.
p.107 : tourner les talons : partir.
p.116 : du papier mâché : papier réduit en pâte, qui sert à faire de petites sculptures.
pp.122, 228 : une directive : un ordre.
p.130 : être brillant : être très bon, doué.
p.132 : biodégradable : produit qui se décompose vite et n'est pas mauvais pour l'environnement.
p.138 : ricaner : rire même si l'on n'en a pas envie.
p.151 : une babiole : petit objet.
p.160 : une bourrasque : coup de vent violent.
p.164 : être ébouriffé : avoir les cheveux mal coiffés.
p.186 : une circonstance : moment particulier.
p.193 : une révélation : nouvelle information, qui apparaît brusquement.
pp.195, 196 : une fiole : petit flacon en verre.
p.209 : des griffonnages : textes ou dessins illisibles.
p.221 : engloutir : avaler rapidement la nourriture.
p.226 : avoir le champ libre : être libre de faire ce que l'on veut.
p.249 : de la minutie : application attentive et scrupuleuse.
p.250 : invraisemblable : qui semble impossible.
p.264 : l'anatomie : forme du corps.
p.279 : scruter : regarder attentivement.
p.314 : ingénieux : être inventif et trouver des solutions facilement.
p.343 : un androïde : robot qui ressemble à un être humain.
p.344 : un humain bionique : être humain équipé d'appareillages électroniques pour augmenter ses capacités.
p.366 : être dans le pétrin : situation très embarrassante et compliquée.
p.400 : s'éparpiller : être dispersé de tous les côtés.